6年

実力アップ

特別ふろく

# 英語練習ノート

ふろく英語カードの練習ができる！

| | | |
|---|---|---|
| 年 | 組 | 名前 |

「英語練習ノート」はとりはずして使用できます。 Ⓐ

●勉強した日　　月　　日

# 1 職業 ①

読みながらなぞって、もう１回書きましょう。

①

artist
芸術家

artist
artist

②

astronaut
宇宙飛行士

astronaut
o ではなく a だよ。

③

carpenter
大工

carpenter
a ではなく e だよ。

④

comedian
お笑い芸人

comedian

⑤

dentist
歯医者

dentist
dentist

●勉強した日　　月　　日

# 2 職業 ②

読みながらなぞって、もう１回書きましょう。

⑥

flight attendant
客室乗務員

flight attendant

間をあけるよ。

⑦

musician
ミュージシャン、音楽家

musician

⑧

cook
料理人、コック

cook

oを２つ重ねるよ。

cook

⑨

pianist
ピアニスト

pianist

pianist

⑩

scientist
科学者

scientist

aではなくcだよ。

# 3 職業 ③

読みながらなぞって、もう１回書きましょう。

⑪

soccer player

サッカー選手

soccer player

a ではなく o だよ。

⑫

vet

獣医（じゅうい）

vet

vet

⑬

writer

作家

writer

w から始まるよ。

writer

⑭

zookeeper

動物園の飼育員

zookeeper

●勉強した日　　月　　日

# 4 身の回りの物 ①

読みながらなぞって、もう１回書きましょう。

⑮

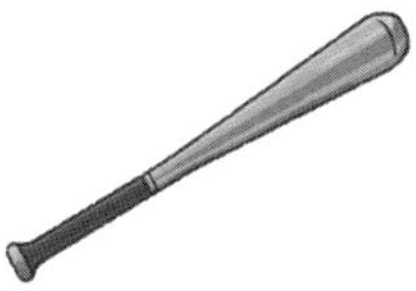

bat
バット

bat

bat

⑯

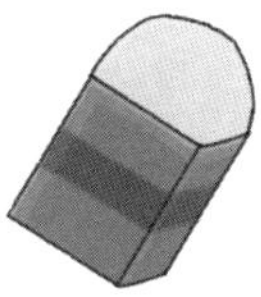

eraser
消しゴム

eraser

eraser

⑰

glasses
めがね

glasses

sを２つ重ねるよ。

glasses

⑱

ink
インク

ink

ink

# 5 身の回りの物 ②

読みながらなぞって、もう１回書きましょう。

⑲

magnet
磁石（じしゃく）

magnet
magnet

⑳

pencil sharpener
えんぴつけずり

pencil sharpener
s ではなく c だよ。

㉑

present
プレゼント

present
z ではなく s だよ。
present

㉒

racket
ラケット

racket
racket

●勉強した日　　月　　日

# 6 身の回りの物 ③

読みながらなぞって、もう１回書きましょう。

㉓

soccer ball

サッカーボール

soccer ball

㉔

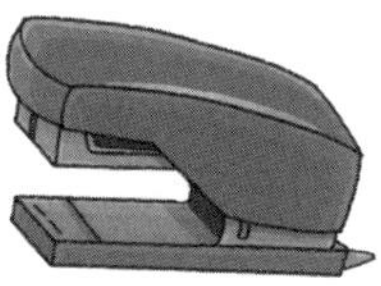

stapler

ホッチキス

stapler

a ではなく e だよ。

stapler

㉕

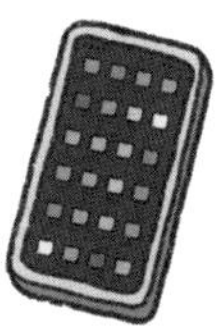

smartphone

スマートフォン

smartphone

㉖

umbrella

かさ

umbrella

l を２つ重ねるよ。

# 7 スポーツ

読みながらなぞって、もう１回書きましょう。

㉗

gymnastics
体操

gymnastics

iではなくyだよ。

㉘

rugby
ラグビー

rugby

rugby

㉙

surfing
サーフィン

surfing

aではなくuだよ。

surfing

㉚

tennis
テニス

tennis

tennis

㉛

wrestling
レスリング

wrestling

# 8 食べ物・飲み物 ①

読みながらなぞって、もう１回書きましょう。

㉜

food
食べ物

food

food

㉝

drink
飲み物

drink

drink

㉞

dessert
デザート

dessert

s を２つ重ねるよ。

dessert

㉟

menu
メニュー

menu

menu

㊱

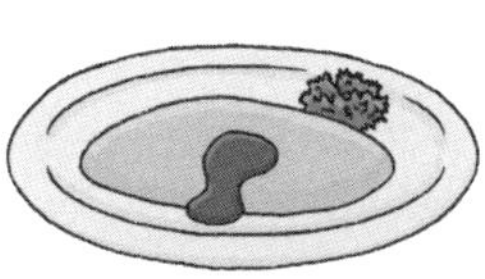

omelet
オムレツ

omelet

r ではなく l だよ。

omelet

●勉強した日　　月　　日

# 9 食べ物・飲み物 ②

読みながらなぞって、もう1回書きましょう。

㊲

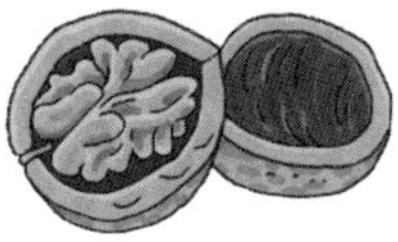

nut

ナッツ、木の実

nut

aではなくuだよ。

nut

㊳

broccoli

ブロッコリー

broccoli

broccoli

㊴

pumpkin

カボチャ

pumpkin

nではなくmだよ。

pumpkin

㊵

yogurt

ヨーグルト

yogurt

yogurt

㊶

jam

ジャム

jam

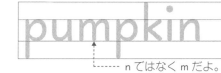

jam

# 10 食べ物・飲み物 ③

読みながらなぞって、もう１回書きましょう。

㊷

pudding
プリン

pudding
dを２つ重ねるよ。
pudding

㊸

donut
ドーナツ

donut
donut

㊹

cookie
クッキー

cookie
cookie

㊺

shaved ice
かき氷

shaved ice
sではなくcだよ。

㊻

green tea
緑茶

green tea

# 11 自然 ①

読みながらなぞって、もう１回書きましょう。

㊼

mountain

山

mountain

eではなくaだよ。

㊽

sea

海

sea

aで終わるよ。

sea

㊾

river

川

river

river

㊿

lake

湖

lake

lake

51

beach

浜辺

beach

aをわすれずに！

beach

●勉強した日　　月　　日

# 12 自然 ②

読みながらなぞって、もう１回書きましょう。

52 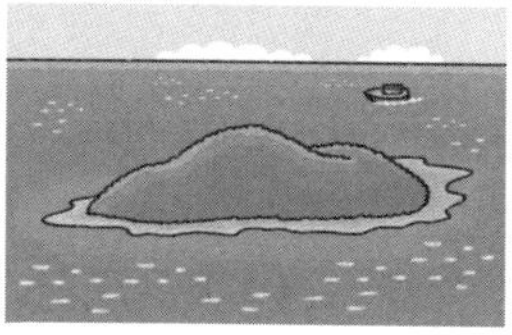

island
島

island
s をわすれずに！
island

53 

tree
木

tree
tree

54 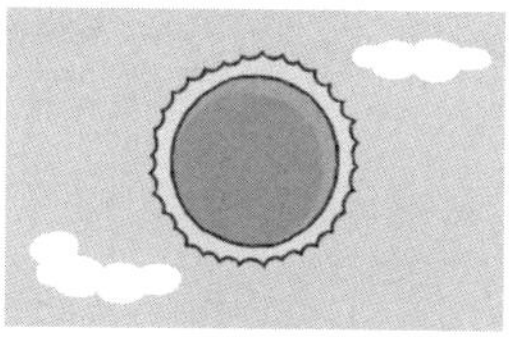

sun
太陽

sun
a ではなく u だよ。
sun

55 

moon
月

moon
moon

56 

star
星

star
star

# 13 自然 ③ / 動物 ①

読みながらなぞって、もう1回書きましょう。

⑰

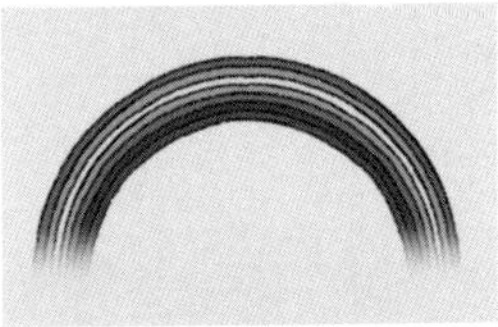

rainbow
にじ

rainbow

rainbow

⑱

giraffe
キリン

giraffe

f を2つ重ねるよ。

giraffe

⑲

goat
ヤギ

goat

goat

⑳

koala
コアラ

koala

koala

㉑

penguin
ペンギン

penguin

u をわすれずに！

penguin

# 14 動物 ②

読みながらなぞって、もう１回書きましょう。

62

sea turtle
ウミガメ

sea turtle

a ではなく u だよ。

63

whale
クジラ

whale

whale

64

wolf
オオカミ

wolf

wolf

65

zebra
シマウマ

zebra

zebra

66

ant
アリ

ant

ant

# 15 動物 ③ / 学校行事 ①

読みながらなぞって、もう１回書きましょう。

67

butterfly
チョウ

butterfly

t を２つ重ねるよ。

68

frog
カエル

frog

frog

69

entrance ceremony
入学式

entrance ceremony

s ではなく c だよ。

70

sports day
運動会

sports day

71

school trip
修学旅行

school trip

# 16 学校行事 ②

読みながらなぞって、もう１回書きましょう。

⑦② 

chorus contest
合唱コンクール

chorus contest

⑦③ 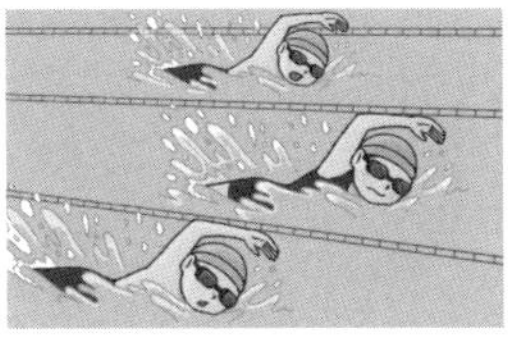

swimming meet
水泳競技会

swimming meet

⑦④ 

drama festival
学芸会

drama festival

⑦⑤ 

music festival
音楽祭

music festival

k ではなく c だよ。

⑦⑥ 

field trip
遠足、社会科見学

field trip

e をわすれずに！

# 17 学校行事 ③ / 日本文化 ①

読みながらなぞって、もう１回書きましょう。

⑺⑺

marathon

マラソン

marathon

s ではなく th だよ。

⑺⑻

volunteer day

ボランティアの日

volunteer day

⑺⑼

graduation ceremony

卒業式

graduation ceremony

⑻⑽

cherry blossom

桜（の花）

cherry blossom

s を２つ重ねるよ。

⑻⑴

fireworks

花火

fireworks

fireworks

# 18 日本文化 ② / 施設(しせつ)・建物 ①

読みながらなぞって、もう１回書きましょう。

82

festival
祭り

festival
festival

83

hot spring
温泉(おんせん)

hot spring

84

town
町

town
a ではなく o だよ。
town

85

bookstore
書店

bookstore
o を２つ重ねるよ。

86
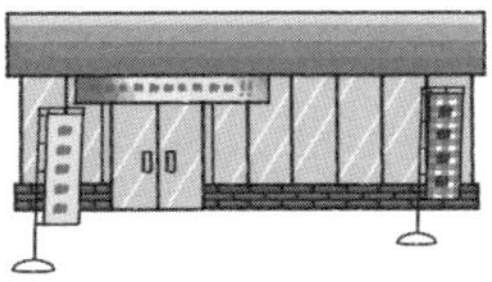
convenience store
コンビニエンスストア

convenience store

# 19 施設（しせつ）・建物 ②

読みながらなぞって、もう１回書きましょう。

⑧⑦

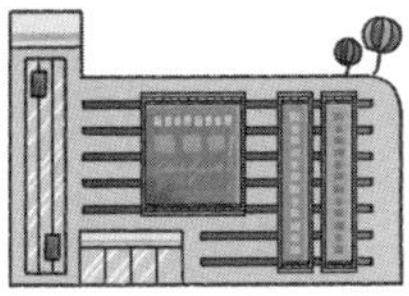

department store
デパート

department store

⑧⑧

movie theater
映画館（えいが）

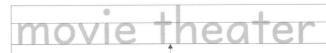

movie theater

s ではなく th だよ。

⑧⑨

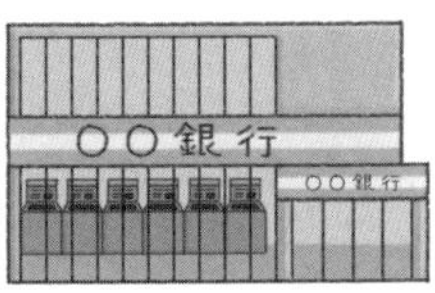


bank
銀行

bank

bank

⑨⓪

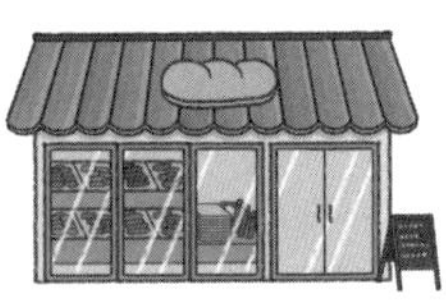

bakery
パン店

bakery

a ではなく e だよ。

bakery

⑨①

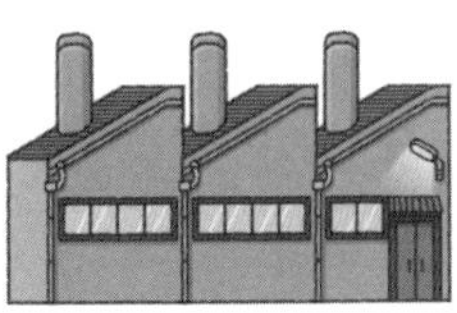

factory
工場

factory

factory

# 20 施設（しせつ）・建物 ③

読みながらなぞって、もう１回書きましょう。

92

amusement park
遊園地

amusement park

93
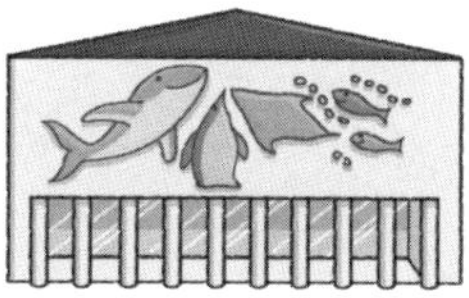

aquarium
水族館

aquarium

k ではなく q だよ。

94
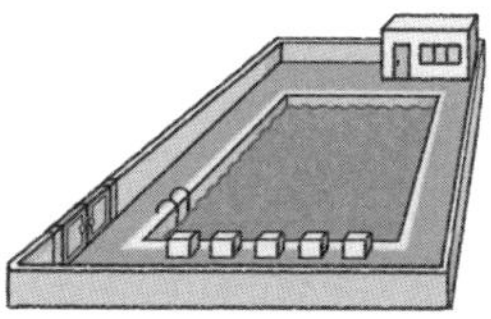

swimming pool
プール

swimming pool

m を２つ重ねるよ。

95
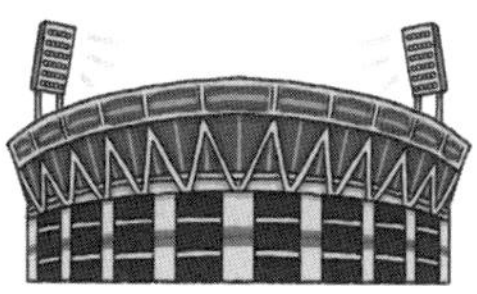

stadium
スタジアム

stadium

stadium

96

zoo
動物園

zoo

zoo

●勉強した日　　月　　日

# 21 施設（しせつ）・建物 ④

読みながらなぞって、もう１回書きましょう。

⑼⑺

castle

城

castle

↑ t をわすれずに！

castle

⑼⑻

temple

寺

temple

temple

⑼⑼

shrine

神社

shrine

shrine

⑽⓪

garden

庭

garden

garden

⑽⑴

bridge

橋

bridge

↑ d をわすれずに！

bridge

# 22 様子や状態を表すことば ①

読みながらなぞって、もう１回書きましょう。

⑩②

delicious

とてもおいしい

delicious

⑩③

exciting

わくわくさせる

exciting

s ではなく c だよ。

exciting

⑩④

fun

楽しいこと

fun

a ではなく u だよ。

fun

⑩⑤

interesting

おもしろい

interesting

⑩⑥

wonderful

すばらしい、おどろくべき

wonderful

# 23 様子や状態を表すことば ②

読みながらなぞって、もう１回書きましょう。

⑩⑦

beautiful
美しい

beautiful

⑩⑧

brave
勇敢(ゆうかん)な

brave
brave

⑩⑨

funny
おかしい

funny
aではなくuだよ。
funny

⑪⓪

popular
人気のある

popular
rではなくlだよ。
popular

⑪①

cute
かわいい

cute
cute

# 24 様子や状態を表すことば ③

読みながらなぞって、もう１回書きましょう。

⑪②

scary
こわい

scary
scary

⑪③

thirsty
のどがかわいた

thirsty
th で始まるよ。
thirsty

⑪④

high
高い

high
g をわすれずに！
high

⑪⑤

tall
(背が)高い

tall
tall

# 25 味

読みながらなぞって、もう1回書きましょう。

⑯

sweet
あまい

sweet
eを2つ重ねるよ。
sweet

⑰

bitter
苦い

bitter
tを2つ重ねるよ。
bitter

⑱

sour
すっぱい

sour
sour

⑲

salty
塩からい

salty
salty

⑳

spicy
からい、ぴりっとした

spicy
sではなくcだよ。
spicy

# 26 動作・活動を表すことば ①

読みながらなぞって、もう１回書きましょう。

(121)

camping
キャンプ

camping
n ではなく m だよ。
camping

(122)

hiking
ハイキング

hiking
hiking

(123)

shopping
買い物

shopping
p を２つ重ねるよ。

(124)

fishing
魚つり

fishing
fishing

(125)

enjoy
楽しむ

enjoy
enjoy

# 27 動作・活動を表すことば ②

読みながらなぞって、もう１回書きましょう。

126

visit
訪問（ほうもん）する

visit
visit

127

talk
話す

talk
o ではなく a だよ。
talk

128

read
読む

read
a をわすれずに！
read

129

teach
教える

teach
teach

130

study
勉強する

study
study

# 28 動作・活動を表すことば ③

読みながらなぞって、もう１回書きましょう。

⑬①

draw

絵をかく

draw

draw

⑬②

run fast

速く走る

run fast

run fast

⑬③

jump rope

縄とびをする

jump rope

a ではなく u だよ。

⑬④

play soccer

サッカーをする

play soccer

# 29 動作・活動を表すことば ④ / 日課 ①

読みながらなぞって、もう１回書きましょう。

⑬⑤

play the piano
ピアノをひく

play the piano

⑬⑥

ride a unicycle
一輪車に乗る

ride a unicycle

i ではなく y だよ。

⑬⑦

wash my face
顔をあらう

wash my face

⑬⑧

brush my teeth
歯をみがく

brush my teeth

e を2つ重ねるよ。

教科書ワーク

# 答えとてびき

「答えとてびき」は、とりはずすことができます。

啓林館版

英語6年

## 使い方

まちがえた問題は、もう一度よく読んで、なぜまちがえたのかを考えましょう。音声を聞きなおして、あとに続いて言ってみましょう。

## Unit 1

### 20ページ 聞いて練習のワーク

❶ (1) ○　(2) ×　(3) ×　(4) ○

❷

| | 名前 | 都市名 | 国名 |
|---|---|---|---|
| (1) | Bobby | ( ナイロビ ) | ( ケニア ) |
| (2) | Antonio | (リオデジャネイロ) | ( ブラジル ) |
| (3) | Maria | ( ローマ ) | ( イタリア ) |
| (4) | Sophia | ( シドニー ) | (オーストラリア) |

てびき

❶ (1) surfing (サーフィンをすること)
(2) dancing (おどること)
(3) playing the piano (ピアノをひくこと)
(4) cooking (料理をすること)
(2) の絵は singing (歌うこと)、(3) の絵は speaking English (英語を話すこと)です。

❷ I'm from ~. は「わたしは～の出身です」という意味です。「～」には出身地が入ります。出身地は「都市名→国名」の順に言います。

読まれた英語

❶ (1) surfing
(2) dancing
(3) playing the piano
(4) cooking

❷ (1) Hi. I'm Bobby. I'm from Nairobi, Kenya.
(2) Hi. I'm Antonio. I'm from Rio de Janeiro, Brazil.
(3) Hello. My name is Maria. I'm from Rome, Italy.
(4) Hello. My name is Sophia. I'm from Sydney, Australia.

### 21ページ まとめのテスト

1 (1) playing soccer
(2) running
(3) skating
(4) speaking English

2 (1) I'm from the USA.
(2) I'm good at skiing.

**てびき** **1** ほかにもcooking（料理をすること）、swimming（泳ぐこと）、singing（歌うこと）、drawing（絵をかくこと）なども覚えておきましょう。

**2** I'm from Egypt. は「わたしはエジプト出身です」、I'm good at swimming. は「わたしは泳ぐことが得意です」という意味です。

## 28ページ 聞いて練習のワーク

❶ (1) ○　(2) ○　(3) ×　(4) ×

❷ (1) パンダ
(2) ウサギ
(3) ハムスター
(4) ライオン

**てびき** ❶ (1) soccer（サッカー）
(2) baseball（野球）
(3) math（算数）
(4) Japanese（国語、日本語）
(3)の絵は music（音楽）、(4)の絵は math（算数）です。

❷ My favorite animal is ～. は「わたしの大好きな動物は～です」という意味です。

### 読まれた英語

❶ (1) soccer
(2) baseball
(3) math
(4) Japanese

❷ (1) My name is Mika.  My favorite animal is a panda.
(2) My name is Ken.  My favorite animal is a rabbit.
(3) I'm Satoru.  My favorite animal is a hamster.
(4) I'm Shiori.  My favorite animal is a lion.

## 29ページ まとめのテスト

**1** (1) What's
(2) basketball
(3) tennis

**2** (1) red
(2) curry and rice
(3) social studies
(4) monkey

**てびき** **1** (1) what は「何」という意味です。what's は what is をちぢめた形です。文の最初なので大文字で書きはじめましょう。
(2)(3) favorite sport（大好きなスポーツ）をたずねられているので、スポーツの名前を答えます。

**2** 「わたしの大好きな～」は my favorite ～と言います。(1) blue は「あお」、(2) spaghetti は「スパゲッティ」、(3) arts and crafts は「図画工作」、(4) dolphin は「イルカ」です。

## 38ページ 聞いて練習のワーク

❶ (1) エ　(2) イ　(3) ア　(4) ウ

❷ (1) 兵庫

(2) 香川

(3) 京都

**てびき**

❶ (1) winter（冬）
(2) spring（春）
(3) fall（秋）
(4) summer（夏）

❷ ～ is a good place. は「～はよい場所です」、Don't miss it. は「ぜひ楽しんでください」という意味です。 You can のあとのことばに注意して、できることは何かを聞きましょう。
(1) see Himeji Castle は「姫路城を見る」、(2) eat delicious *udon* は「とてもおいしいうどんを食べる」、(3) visit Kinkakuji Temple は「金閣寺を訪れる」という意味です。

**読まれた英語**

❶ (1) winter
(2) spring
(3) fall
(4) summer

❷ (1) Hyogo is a good place. You can see Himeji Castle. Don't miss it.
(2) Kagawa is a good place. You can eat delicious *udon*. Don't miss it.
(3) Kyoto is a good place. You can visit Kinkakuji Temple. Don't miss it.

## 39ページ まとめのテスト

**1** (1) 庭
(2) 神社
(3) 山
(4) 塔
(5) 橋

**2** (1) Tokyo is a good place.
(2) They are beautiful.
(3) You can drink green tea.

**てびき**

**1** ほかにも temple（寺）、castle（城）なども覚えておきましょう。

**2** (1)「～はよい場所です」は～ is a good place. と言います。「～」には場所を入れます。
(2)「美しい」は beautiful と言います。
(3)「あなたは～することができます」は You can ～. と言います。
Don't miss it. は「ぜひ楽しんでください［それをのがさないでください］」という意味です。

## Unit 3

### 50ページ 聞いて練習のワーク

❶ (1) ウ　(2) イ　(3) ア　(4) エ

❷ (1) スケートボード場
(2) 街灯
(3) キャンプ場
(4) スロープ

てびき ❶ (1) movie theater (映画館)
(2) stadium (スタジアム)
(3) zoo (動物園)
(4) amusement park (遊園地)
ほかにも gym (体育館)、park (公園)、aquarium (水族館) なども覚えておきましょう。

❷ What do we need in our town? は「(わたしたちは) わたしたちの町に何が必要ですか」という意味です。We need ～. (わたしたちは～が必要です) と、「～」に具体的に必要なものを入れて答えます。 We need のあとのことばに注意して聞きましょう。

#### 読まれた英語

❶ (1) a movie theater
(2) a stadium
(3) a zoo
(4) an amusement park

❷ (1) What do we need in our town, Hana?
— We need a skate park.
(2) What do we need in our town, Masaki?
— We need street lights.
(3) What do we need in our town, Sarah?
— We need a campsite.
(4) What do we need in our town, Luke?
— We need ramps.

### 51ページ まとめのテスト

**1** (1) have
(2) watch
(3) like
(4) move easily

**2** (1) What do we need in our town?
(2) We can ride a roller coaster.
(3) We can see famous paintings.

てびき **1** (1)「(わたしたちには) ～があります」は We have ～. と言います。
(2) play は「(スポーツなどを) する」、watch は「見る」という意味です。
(3) have は「持っている、ある」、like は「好き」という意味です。
(4) move easily は「楽に移動する」、walk safely は「安全に歩く」という意味です。

**2** (1) 何が必要かをたずねるときは、What do we need? と言います。in our town は「わたしたちの町に」という意味です。
(2)「わたしたちは～することができます」は We can ～. と言います。「ジェットコースターに乗る」は ride a roller coaster と言います。
(3)「有名な絵画を見る」は see famous paintings と言います。
What's your favorite animal? は「あなたの大好きな動物は何ですか」という意味です。

# Unit 4

## 58ページ 聞いて練習のワーク

❶ (1) ○　(2) ○　(3) ×　(4) ×

❷

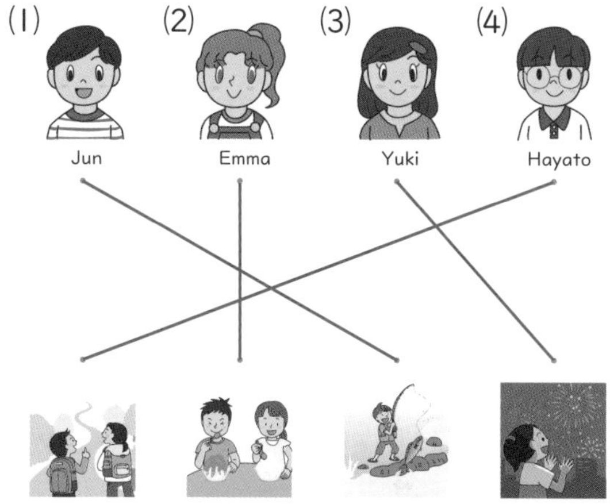


てびき　❶ I went to ～. は「わたしは～へ行きました」という意味です。went to のあとのことばに注意して聞きましょう。
(1) park（公園）、(2) my grandparents' house（(わたしの) 祖父母の家）、(3) beach（海辺）、(4) stadium（スタジアム）です。
(3)の絵は mountain（山）、(4)の絵は aquarium（水族館）です。

❷ (1) enjoyed fishing は「つりを楽しんだ」という意味です。
(2) ate shaved ice は「かき氷を食べた」という意味です。
(3) saw fireworks は「花火を見た」という意味です。
(4) enjoyed hiking は「ハイキングを楽しんだ」という意味です。

### 読まれた英語

❶ (1) I went to the park.
(2) I went to my grandparents' house.
(3) I went to the beach.
(4) I went to the stadium.

❷ (1) I'm Jun.　I enjoyed fishing.
(2) I'm Emma.　I ate shaved ice.
(3) I'm Yuki.　I saw fireworks.
(4) I'm Hayato.　I enjoyed hiking.

## 59ページ まとめのテスト

**1** (1) かわいい
(2) おもしろい
(3) よい
(4) とてもおいしい

**2** (1) How was your summer vacation?
(2) It was wonderful.
(3) I saw a rainbow.

てびき　**1**「刺激的（しげき）な」は exciting と言います。ほかにも great（すごい、すばらしい）、wonderful（すばらしい）、fun（楽しみ）なども覚えておきましょう。

**2** (1)「あなたの夏休みはどうでしたか」は How was your summer vacation? と言います。How was ～? は「～はどうでしたか」という意味で、感想をたずねるときに使います。
(2) How was your summer vacation?（あなたの夏休みはどうでしたか）に対して感想を答えるときは、It was ～.（それは～でした）と言います。「～」には感想を表すことばを入れます。wonderful は「すばらしい」という意味です。
(3)「見た」は saw と言います。saw a rainbow は「にじを見た」という意味です。
I ate grilled fish. は「わたしは焼き魚を食べました」という意味です。

## 66ページ 聞いて練習のワーク

**1** (1) × (2) × (3) × (4) ○

**2** (1) テニスをした

(2) たくさんのまんがを買った

(3) 映画(えいが)を見た

(4) 夕食を作った

てびき

**1** (1) I played ~. は「わたしは~をしました」という意味です。読まれた英語はsoccer (サッカー)、絵は badminton (バドミントン)です。

(2) I made ~. は「わたしは~を作りました」という意味です。読まれた英語は vegetable pizza (野菜のピザ)、絵は cake (ケーキ) です。

(3) I watched ~. は「わたしは~を見ました」という意味です。読まれた英語は baseball game (野球の試合)、絵は movie (映画) です。

(4) I read ~. は「わたしは~を読みました」という意味です。book は「本」という意味です。

**2** What did you do yesterday? は「きのう、あなたは何をしましたか」という意味です。(1) played tennis は「テニスをした」、(2) bought many *manga* は「たくさんのまんがを買った」、(3) watched a movie は「映画を見た」、(4) made dinner は「夕食を作った」という意味です。

### 読まれた英語

**1** (1) I played soccer.

(2) I made a vegetable pizza.

(3) I watched a baseball game.

(4) I read a book.

**2** (1) Mika, what did you do yesterday?

— I played tennis.

(2) Ken, what did you do yesterday?

— I bought many *manga*.

(3) Shiori, what did you do yesterday?

— I watched a movie.

(4) Satoru, what did you do yesterday?

— I made dinner.

## 67ページ まとめのテスト

**1** (1) played

(2) bought

(3) read

(4) Friday

**2** (1) What did you do last weekend?

(2) I watched a dolphin show.

(3) I made a model ship.

てびき

**1** (1) watched は「見た」、played は「(楽器を) 演奏(えんそう)した」という意味です。

(2) made は「作った」、bought は「買った」という意味です。

(3) read は「読んだ」、saw は「見た」という意味です。

(4) Friday は「金曜日」、Monday は「月曜日」という意味です。

**2** (1)「先週末、あなたは何をしましたか」は What did you do last weekend? と言います。last weekend は「先週末」という意味です。

(2)「イルカショーを見た」は watched a dolphin show と言います。

(3)「模型船(もけいせん)を作った」は made a model ship と言います。

How was your summer vacation? は「あなたの夏休みはどうでしたか」という意味です。

# Unit 5

## 78ページ 聞いて練習のワーク

1 (1) エ　(2) ア　(3) ウ　(4) イ

2

| | 名前 | 関係 | 職業 | とくちょう |
|---|---|---|---|---|
| (1) | Emi | （ ウ ） | （ 俳優（はいゆう） ） | （ 有名 ） |
| (2) | Yuji | （ ア ） | （野球選手） | （かっこいい） |
| (3) | Maya | （ イ ） | （まんが家） | （ 創造的（そうぞう） ） |

てびき

1 (1) made beautiful dresses（美しいドレスを作った）
(2) won the Nobel Prize（ノーベル賞を取った）
(3) created many songs（たくさんの歌を作った）
(4) made many records（たくさんの記録を作った）

2 (1)しょうかいしている人物との関係は、2つ目の文 This is my ~. のあとのことばに注意して聞きましょう。職業は3つ目の文 He's[She's] のあとのことばに注意して聞きましょう。とくちょうは4つ目の文 He's[She's] のあとのことばに注意して聞きましょう。

### 読まれた英語

1 (1) made beautiful dresses
(2) won the Nobel Prize
(3) created many songs
(4) made many records

2 (1) I'm Emi. This is my grandmother. She's an actor. She's famous.
(2) I'm Yuji. This is my cousin. He's a baseball player. He's cool.
(3) I'm Maya. This is my sister. She's a comic writer. She's creative.

## 79ページ まとめのテスト

1 (1) 強い
(2) 優（やさ）しい
(3) すばらしい、偉大（いだい）な
(4) 人気のある
(5) 親しみやすい

2 (1) Who's
(2) She's
(3) in
(4) This

てびき

1 人のとくちょうを表すことばはほかにもたくさんあります。smart（かしこい）、kind（親切な）、funny（おもしろい）、cute（かわいい）なども覚えておきましょう。

2 (1)「こちらはだれですか」は Who's this? と言います。What's this? にすると、「これは何ですか」という意味になります。
(2)「彼女（かのじょ）は～です」は She is ~. または She's ~. と言います。She's は She is をちぢめた言い方です。
(3)「彼（かれ）はイタリアに住んでいます」は He lives in Italy. と言います。「～に住んでいる」と言うときは、場所の前に in をつけます。
(4)「こちらはわたしの～です」と人物をしょうかいするときは This is my ~. と言います。

# Unit 6

## 86ページ 聞いて練習のワーク

❶
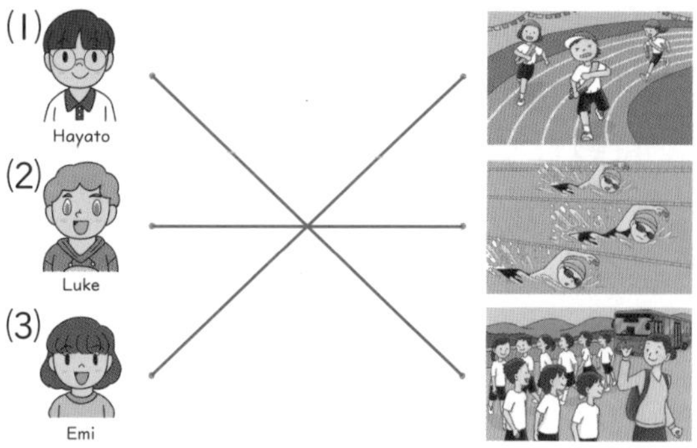


❷ (1) ○　(2) ○　(3) ×　(4) ○

**てびき** ❶ My favorite memory is the ～. は「わたしの一番の思い出は～です」という意味です。(1) field trip は「遠足、社会科見学」、(2) swimming meet は「水泳大会」、(3) sports festival は「運動会、体育祭」です。
❷ What's your favorite memory? は「あなたの一番の思い出は何ですか」という意味です。
It's のあとのことばに注意して、思い出の行事は何かを聞きましょう。
(1) entrance ceremony は「入学式」、(2) school trip は「修学旅行」です。(3)読まれた英語は school camp（林間学校、臨海学校）、絵は graduation ceremony（卒業式）です。(4) music festival は「音楽祭」です。

**読まれた英語**

❶ (1) My name is Hayato. My favorite memory is the field trip.
(2) My name is Luke. My favorite memory is the swimming meet.
(3) My name is Emi. My favorite memory is the sports festival.

❷ (1) What's your favorite memory?
— It's the entrance ceremony.
(2) What's your favorite memory?
— It's the school trip.
(3) What's your favorite memory?
— It's the school camp.
(4) What's your favorite memory?
— It's the music festival.

## 87ページ まとめのテスト

**1** (1) saw
(2) bought
(3) played
(4) enjoyed
(5) ran

**2** (1) What's your favorite memory?
(2) We made lunch.

**てびき** **1** 過去のことを言うときの形を選びます。(1) see（見る）、(2) buy（買う）、(3) play（（楽器を）演奏する）、(4) enjoy（楽しむ）、(5) run（走る）は、現在のことを言うときの形です。覚えておきましょう。
**2** (1)「思い出」は memory と言います。event は「行事」という意味です。
(2)「作った」は made と言います。ate は「食べた」という意味です。

## Unit 7

### 96ページ 聞いて練習のワーク

❶ (1) ○ (2) × (3) ○ (4) ×

❷

| | 名前 | つきたい職業 | つきたい理由 |
|---|---|---|---|
| (1) | Taku | (サッカー選手) | (サッカーをすることが得意だから) |
| (2) | Emma | ( 獣医 ) | ( 動物を救いたいから ) |
| (3) | Shiori | (農場経営者) | (野菜を育てることが好きだから) |

**てびき**

❶ I want to be a[an] ～. は「わたしは～になりたいです」という意味です。I want to be のあとのことばに注意して、つきたい職業は何かを聞きましょう。
(1) police officer (警察官)
(2) fire fighter (消防士)
(3) hairdresser (美容師)
(4) flight attendant (客室乗務員)
(2)の絵は nursery school teacher (保育士)、(4)の絵は game creator (ゲームクリエーター)です。

❷ What do you want to be? は「あなたは何になりたいですか」という意味です。I want to be のあとのことばに注意して、職業を聞き取りましょう。Why? (なぜですか) とたずねられたら、つきたい理由を答えます。

**読まれた英語**

❶ (1) I want to be a police officer.
(2) I want to be a fire fighter.
(3) I want to be a hairdresser.
(4) I want to be a flight attendant.

❷ (1) Taku, what do you want to be?
— I want to be a soccer player.
Why?
— I'm good at playing soccer.
(2) Emma, what do you want to be?
— I want to be a vet.
Why?
— I want to save animals.
(3) Shiori, what do you want to be?
— I want to be a farmer.
Why?
— I like growing vegetables.

### 97ページ まとめのテスト

**1** (1) doctor
(2) nurse
(3) scientist
(4) baker

**2** (1) What do you want to be?
(2) I want to be a teacher.

**てびき**

**1** ほかにも、astronaut (宇宙飛行士)、pastry chef (菓子職人、パティシエ)、dentist (歯科医師)、pilot (パイロット) などの職業も覚えておきましょう。

**2** (1) what は文の最初にくるので、w は大文字になります。
(2)「わたしは～になりたいです」は I want to be a[an]～. と言います。

# Unit 8

## 106ページ 聞いて練習のワーク

❶ (1) × (2) × (3) ○ (4) ○

❷ (1) (2) (3) (4)

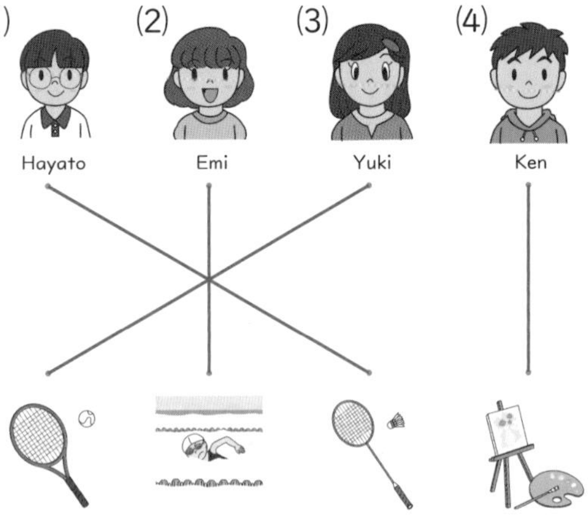


**てびき**

❶ I want to ～. は「わたしは～したいです」という意味です。I want to のあとのことばに注意して聞きましょう。

(1) make many friends（たくさんの友だちを作る）、(2) go on a field trip（遠足［社会科見学］に行く）、(3) play the trumpet（トランペットをふく）、(4) wear the school uniform（学校の制服を着る）です。(1)の絵は attend Career Day（職業体験をする）、(2)の絵は sing in the chorus contest（合唱コンクールで歌う）です。

❷ What club do you want to join? は「あなたは何部に入りたいですか」という意味です。I want to join のあとのことばに注意して聞きましょう。

(1) badminton team は「バドミントン部」、(2) swimming team は「水泳部」、(3) tennis team は「テニス部」、(4) art club は「美術部」です。

### 読まれた英語

❶ (1) I want to make many friends.

(2) I want to go on a field trip.

(3) I want to play the trumpet.

(4) I want to wear the school uniform.

❷ (1) Hayato, what club do you want to join?

— I want to join the badminton team.

(2) Emi, what club do you want to join?

— I want to join the swimming team.

(3) Yuki, what club do you want to join?

— I want to join the tennis team.

(4) Ken, what club do you want to join?

— I want to join the art club.

## 107ページ まとめのテスト

**1** (1) 吹奏楽部(すいそうがく)
(2) 陸上部
(3) 科学部
(4) ボランティアの仕事をする
(5) 熱心に英語を勉強する

**2** (1) want
(2) join
(3) That's

てびき **1** ほかにも、chorus（合唱部）、table tennis team（卓球部(たっきゅう)）などの部活動を表すことばや、attend Career Day（職業体験をする）、sing in the chorus contest（合唱コンクールで歌う）などの表現も覚えておきましょう。

**2** (1)「あなたは中学校で何をしたいですか」は、What do you want to do in junior high school? と言います。
(2)「ダンス部に入る」は join the dance club と言います。
(3)相手の言ったことに対して「それはすばらしいですね！」と返すときは、That's great! と言います。
what's は what is をちぢめた言い方です。what は「何」、is は「～です」という意味なので、What's ～? は「～は何ですか」という意味になります。make は「作る」という意味です。

## 108～109ページ リーディングレッスン 1

(1) an[the] old man
(2) 城
(3) 老人、ミダース

てびき (1) 最初に One day Midas saw an old man.（ある日、ミダースは1人の老人を見ました）とあります。saw は「見た」という意味です。
(2) The old man went to the castle.（その老人は城へ行きました）とあります。went to は「～へ行った」、castle は「城」という意味です。
(3) Thank you for your help.（助けていただきありがとうございます）から、ミダースに助けられた老人がミダースに言ったお礼のことばだとわかります。

## 110～111ページ リーディングレッスン 2

(1) 金
(2) ミダース
(3) ア

てびき (1) She turned into gold.（彼女は金に変わりました）の She は Midas's daughter（ミダースのむすめ）をさします。
(2) Midas cried and cried.（ミダースは泣きじゃくりました）から、むすめが金になったことを悲しむミダースのことばだとわかります。
(3) Midas's daughter came back to life.（ミダースのむすめは生き返りました）から魔法が解けたことがわかります。They were very happy.（彼らはとても幸せでした）の They はミダースとミダースのむすめの2人をさします。

# 実力判定テスト 答えとてびき

## 夏休みのテスト

**1** (1) ウ　(2) ア　(3) エ　(4) イ

**2**

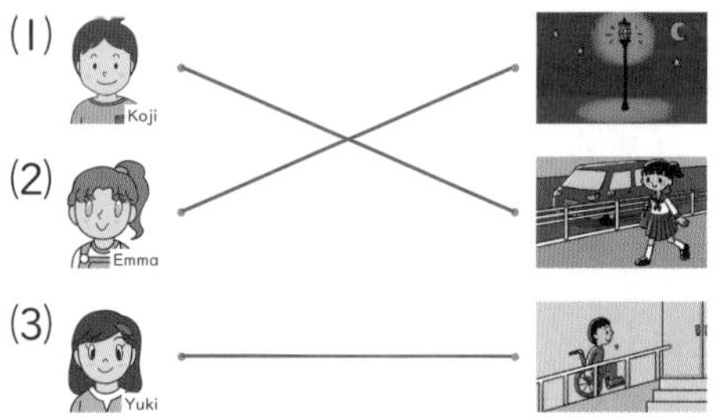


**3** (1) ア　(2) ウ　(3) イ　(4) イ

**4** (1) (日本の) 北海道
(2) 魚介類(ぎょかい)[シーフード]
(3) 桜の花を見ること
(4) 雪を見ること

**5** (1) place　(2) watch
(3) color　(4) walk
(5) need

**6** (1) France　(2) music
(3) interesting　(4) playing

**てびき**

**1** ここでの We have ～. は「(わたしたちには) ～があります」という意味です。We have のあとのことばに注意して聞きましょう。
(1) art museum は「美術館」、(2) zoo は「動物園」、(3) aquarium は「水族館」、(4) stadium は「スタジアム」という意味です。

**2** What do we need in our town? は「(わたしたちは) わたしたちの町に何が必要ですか」という意味です。What do we need in our town? には We need ～. (わたしたちは～が必要です) と答えます。We need のあとのことばに注意して聞きましょう。
(1) sidewalk(s) は「歩道」、(2) street light(s) は「街灯」、(3) ramp(s) は「スロープ」という意味です。

**3** (1) I'm good at ～. は「わたしは～が得意です」という意味です。ア drawing は「絵をかくこと」、イ swimming は「泳ぐこと」、ウ singing は「歌うこと」という意味です。
(2) My favorite sport is ～. は「わたしの大好きなスポーツは～です」という意味です。ア soccer は「サッカー」、イ baseball は「野球」、ウ tennis は「テニス」という意味です。
(3) We can ～. は「わたしたちは～することができます」という意味です。ア read many books は「たくさんの本を読む」、イ see famous paintings は「有名な絵画(かいが)を見る」、ウ ride a roller coaster は「ジェットコースターに乗る」という意味です。
(4) You can enjoy ～. は「あなたは～を楽しむことができます」という意味です。ア colorful leaf [leaves] は「色彩(しきさい)豊かな葉」、イ firework(s) は「花火」、ウ illumination(s) は「イルミネーション」という意味です。

**4** (1) I'm from Hokkaido, Japan. は「わたしは日本の北海道出身です」という意味です。
(2) enjoy seafood は「魚介類 [シーフード] を楽しむ」という意味です。
(3) in spring は「春に」、see cherry blossoms は「桜の花を見る」という意味です。
(4) in winter は「冬に」、see snow は「雪を見る」という意味です。

**5** (1)「～はよい場所です」は～ is a good place. と言います。
(2)「あなたは～することができます」は You can ～. と言います。「スポーツを見る」は watch sports と言います。
(3)「あなたの大好きな～は何ですか」は What's your favorite ～? と言います。「色」は color と言います。
(4)「わたしたちは～することができます」は We can ～. と言います。「安全に歩く」は walk safely と言います。
(5)「わたしたちは～が必要です」は We need ～. と言います。hospital は「病院」という意味です。
move は「移動する」という意味です。

**6** (1) France (フランス) を入れて、I'm from Paris, France. (わたしはフランスのパリ出身です) という文にします。

(2) music（音楽）を入れて、My favorite subject is music.（わたしの大好きな教科は音楽です）という文にします。

(3) interesting（おもしろい）を入れて、It's interesting.（それはおもしろいです）という文にします。ここでのItはmusic（音楽）をさします。

(4) playing（演奏(えんそう)すること）を入れて、I'm good at playing the piano.（わたしはピアノをひくことが得意です）という文にします。

deliciousは「とてもおいしい」という意味です。

### 読まれた英語

**1** (1) We have an art museum.
(2) We have a zoo.
(3) We have an aquarium.
(4) We have a stadium.

**2** (1) What do we need in our town, Koji?
— We need sidewalks.
(2) What do we need in our town, Emma?
— We need street lights.
(3) What do we need in our town, Yuki?
— We need ramps.

**3** (1) ア I'm good at drawing.
イ I'm good at swimming.
ウ I'm good at singing.
(2) ア My favorite sport is soccer.
イ My favorite sport is baseball.
ウ My favorite sport is tennis.
(3) ア We can read many books.
イ We can see famous paintings.
ウ We can ride a roller coaster.
(4) ア You can enjoy colorful leaves.
イ You can enjoy fireworks.
ウ You can enjoy illuminations.

**4** Hi. I'm Jun. I'm from Hokkaido, Japan. You can enjoy seafood in Hokkaido. In spring, you can see cherry blossoms. In winter, you can see snow.

## 冬休みのテスト

**1** (1) エ (2) イ (3) ウ (4) ア

**2** (1) (2) (3)

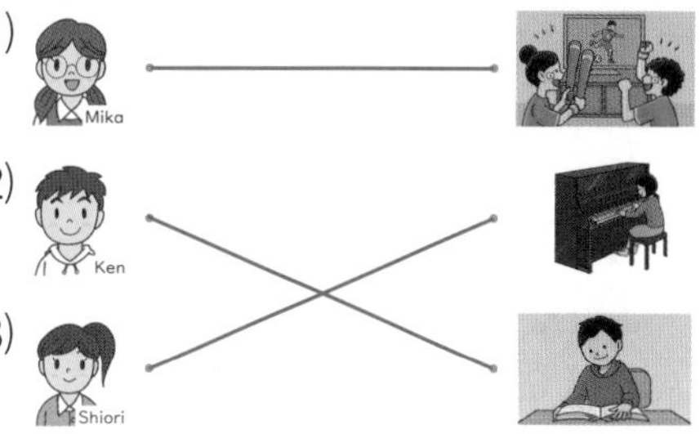


**3** (1) ウ (2) イ (3) ア (4) イ

**4** (1) 映画監督(えいがかんとく)
(2) 有名
(3) 人気のある映画を作った

**5** (1) memory (2) yesterday
(3) saw (4) ate
(5) won

**6** (1) aunt (2) lives
(3) scientist (4) gentle

てびき

**1** I enjoyed ～. は「わたしは～を楽しみました」という意味です。I enjoyedのあとのことばに注意して聞きましょう。
(1) swimmingは「水泳」、(2) hikingは「ハイキング」、(3) fishingは「つり」、(4) campingは「キャンプ」という意味です。

**2** (1) watched a soccer gameは「サッカーの試合を見た」という意味です。
(2) read a bookは「本を読んだ」という意味です。
(3) played the pianoは「ピアノをひいた」という意味です。

**3** (1) How was your summer vacation? は「あなたの夏休みはどうでしたか」という意味です。ア deliciousは「とてもおいしい」、イ strongは「強い」、ウ wonderfulは「すばらしい」という意味です。
(2) What did you do yesterday? は「きのう、あなたは何をしましたか」、I went to ～. は「わたしは～へ行きました」という意味です。ア beachは「海辺」、イ mountainは「山」、ウ river

は「川」という意味です。

(3) Who's this? は「こちらはだれですか」、He's my ～. は「彼(かれ)はわたしの～です」という意味です。ア friend は「友だち」、イ grandfather は「祖父」、ウ doctor は「医師」という意味です。

(4) What's your favorite memory? は「あなたの一番の思い出は何ですか」という意味です。ア sports festival は「運動会、体育祭」、イ field trip は「遠足、社会科見学」、ウ entrance ceremony は「入学式」という意味です。

**4** This is Yamada Kota. は「こちらは山田功太です」という意味です。そのあとに続く He はすべて Yamada Kota（山田功太）をさしています。

(1) movie director は「映画監督」という意味です。

(2) famous は「有名な」という意味です。

(3) created popular movies は「人気のある映画を作った」という意味です。

**5** (1)「思い出」は memory と言います。

(2)「きのう」は yesterday と言います。

(3)「見た」は saw と言います。

(4)「食べた」は ate と言います。

(5)「1位になった」は won first place と言います。event は「行事」という意味です。

**6** (1) aunt（おば）を入れて、This is my aunt.（こちらはわたしのおばです）という文にします。

(2) lives（住んでいる）を入れて、She lives in Australia.（彼女(かのじょ)はオーストラリアに住んでいます）という文にします。

(3) scientist（科学者）を入れて、She's a scientist.（彼女は科学者です）という文にします。

(4) gentle（優(やさ)しい）を入れて、She's gentle.（彼女は優しいです）という文にします。

nurse は「看護(かんご)師」、uncle は「おじ」という意味です。

## 読まれた英語

**1** (1) I enjoyed swimming.
(2) I enjoyed hiking.
(3) I enjoyed fishing.
(4) I enjoyed camping.

**2** (1) I'm Mika. I watched a soccer game last weekend.
(2) I'm Ken. I read a book last weekend.
(3) I'm Shiori. I played the piano last weekend.

**3** (1) How was your summer vacation?
ア It was delicious.
イ It was strong.
ウ It was wonderful.
(2) What did you do yesterday?
ア I went to the beach.
イ I went to the mountain.
ウ I went to the river.
(3) Who's this?
ア He's my friend.
イ He's my grandfather.
ウ He's my doctor.
(4) What's your favorite memory?
ア It's the sports festival.
イ It's the field trip.
ウ It's the entrance ceremony.

**4** Hello. This is Yamada Kota. He's a movie director. He's famous. He created popular movies.

## 学年末のテスト

**1** (1) × (2) ○ (3) ○ (4) ×

**2**

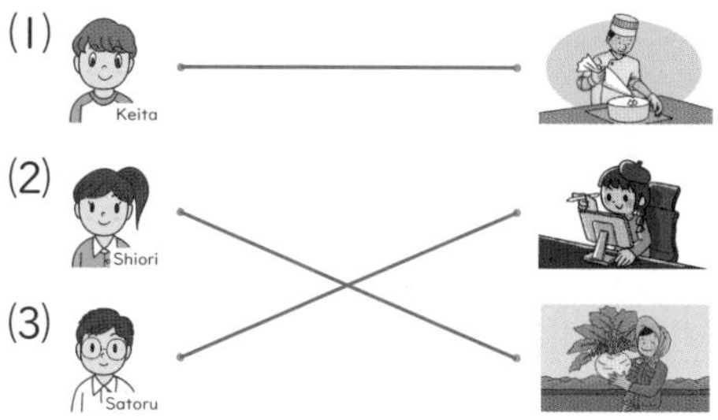


**3** (1) ウ (2) ア (3) イ (4) ア

**4** (1) 音楽

(2) ミュージシャン［音楽家］

(3) 吹奏楽部

(4) トランペットをふくこと

**5** (1) like (2) can

(3) dancing (4) playing

(5) played

**6** (1) from (2) vet

(3) save (4) food

(5) delicious

**てびき**

**1** He's [She's] ～. は「彼［彼女］は～です」という意味です。(1) fire fighter は「消防士」、(2) pilot は「パイロット」、(3) police officer は「警察官」、(4) doctor は「医師」という意味です。

**2** I like ～. は「わたしは～が好きです」、I want to be a[an] ～. は「わたしは～になりたいです」という意味です。I want to be のあとのことばに注意して聞きましょう。

(1) pastry chef は「菓子職人、パティシエ」、(2) farmer は「農場経営者」、(3) illustrator は「イラストレーター」という意味です。

**3** (1) What do we need in our town? は「(わたしたちは) わたしたちの町に何が必要ですか」という意味です。ア campsite は「キャンプ場」、イ skate park は「スケートボード場」、ウ amusement park は「遊園地」という意味です。

(2) What do you want to be? は「あなたは何になりたいですか」という意味です。ア astronaut は「宇宙飛行士」、イ nurse は「看護師」、ウ teacher は「教師」という意味です。

(3) What club do you want to join? は「あなたは何部に入りたいですか」という意味です。ア art club は「美術部」、イ track and field team は「陸上部」、ウ chorus は「合唱部」という意味です。

(4) What do you want to do in junior high school? は「あなたは中学校で何をしたいですか」という意味です。ア make many friends は「たくさんの友だちを作る」、イ study English hard は「熱心に英語を勉強する」、ウ wear the school uniform は「学校の制服を着る」という意味です。

**4** (1) My favorite subject is ～. は「わたしの大好きな教科は～です」という意味です。music は「音楽」という意味です。

(2) I want to be a[an] ～. は「わたしは～になりたいです」という意味です。musician は「ミュージシャン、音楽家」という意味です。

(3) I want to join the ～ in junior high school. は「わたしは中学校で～に入りたいです」という意味です。brass band は「吹奏楽部」という意味です。

(4) I want to ～. は「わたしは～したいです」という意味です。play the trumpet は「トランペットをふく」という意味です。

**5** (1)「わたしは～が好きです」は I like ～. と言います。

(2)「わたしは～することができます」は I can ～. と言います。

(3)「わたしは～が得意です」は I'm good at ～.、「おどること」は dancing と言います。

(4)「わたしは～が大好きです」は I love ～.、「ピアノをひくこと」は playing the piano と言います。

(5)「バスケットボールをしました」は played basketball と言います。

**6** (1) 出身地を伝えるときは I'm from ～.(わたしは～の出身です) と言います。from を入れて、I'm from Tokyo. (わたしは東京の出身です) という文にします。

(2) vet (獣医) を入れて、I want to be a vet. (わたしは獣医になりたいです) という文にします。

(3) save（救う）を入れて、I want to save many animals.（わたしはたくさんの動物を救いたいです）という文にします。
(4) food（食べもの）を入れて、My favorite food is cake.（わたしの大好きな食べものはケーキです）という文にします。
(5) delicious（とてもおいしい）を入れて、It's delicious.（それはとてもおいしいです）という文にします。ここでの It は cake をさします。
color は「色」、dentist は「歯科医師」という意味です。

## 読まれた英語

**1**
(1) He's a fire fighter.
(2) He's a pilot.
(3) She's a police officer.
(4) She's a doctor.

**2**
(1) I'm Keita. I like making cakes. I want to be a pastry chef.
(2) I'm Shiori. I like growing vegetables. I want to be a farmer.
(3) I'm Satoru. I like drawing. I want to be an illustrator.

**3**
(1) What do we need in our town?
ア We need a campsite.
イ We need a skate park.
ウ We need an amusement park.
(2) What do you want to be?
ア I want to be an astronaut.
イ I want to be a nurse.
ウ I want to be a teacher.
(3) What club do you want to join?
ア I want to join the art club.
イ I want to join the track and field team.
ウ I want to join the chorus.
(4) What do you want to do in junior high school?
ア I want to make many friends.
イ I want to study English hard.
ウ I want to wear the school uniform.

**4** Hello. I'm Mika. My favorite subject is music. I want to be a musician. I want to join the brass band in junior high school. I want to play the trumpet.

## 単語リレー

❶ comedian
❷ scientist
❸ writer
❹ glasses
❺ racket
❻ umbrella
❼ rugby
❽ surfing
❾ wrestling
❿ dessert
⓫ pumpkin
⓬ cookie
⓭ sea
⓮ sun
⓯ rainbow
⓰ giraffe
⓱ whale
⓲ ant
⓳ sports day
⓴ marathon
㉑ graduation ceremony
㉒ Egypt
㉓ Korea
㉔ the U(.)K(.)
㉕ fireworks
㉖ festival
㉗ zoo
㉘ town
㉙ bookstore
㉚ shrine
㉛ beautiful
㉜ tall
㉝ sweet
㉞ sour
㉟ enjoy
㊱ teach
㊲ eat dinner
㊳ wash the dishes



3 2 1 0 9 8 7 6 5 4
＊ ＊ D C B A

教科書ワーク

# わくわく英語カード

6年 1～79

スピーキングアプリ対応

教科書ワーク

# わくわく英語カード

6年 80～156

スピーキングアプリ対応

## 使い方

❶切りはなして、リングなどでとじます。
❷音声に続けて言いましょう。音声はこちらから聞くことができます。

音声

❸日本語を見て英語を言いましょう。

- 英語がわかったら
- 覚えて何回も言えたら
- かんぺきだと思ったら

それぞれのアイコンを丸で囲みましょう。

1

芸術家

2

宇宙（うちゅう）飛行士

3

大工

4

お笑い芸人

5

歯医者

6

客室乗務員

7

ミュージシャン、音楽家

8

料理人、コック

9

ピアニスト

10

科学者

11

サッカー選手

12

獣医（じゅうい）

13

作家

14

動物園の飼育員

15
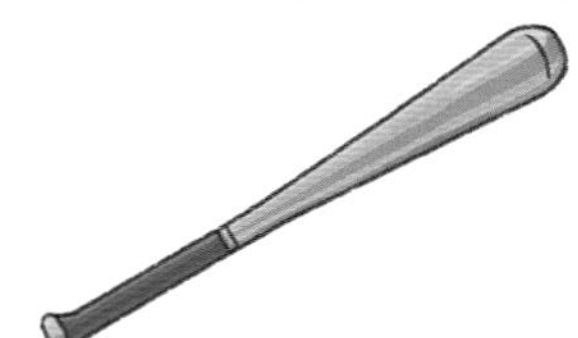
バット

16
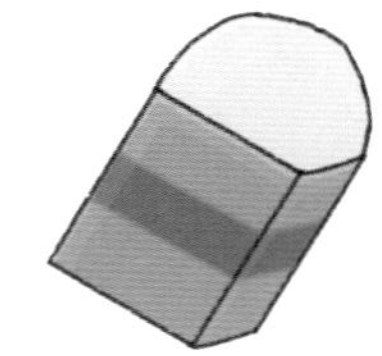
消しゴム

## 英語音声　もくじ

| | |
|---|---|
| 1〜14…c01 | 47〜57…c05 |
| 15〜26…c02 | 58〜68…c06 |
| 27〜31…c03 | 69〜79…c07 |
| 32〜46…c04 | 80〜87…c08 |

英数字は音声ファイル（MP3）のファイル名です。

| | |
|---|---|
| 88〜91…c09 | 129〜144…c13 |
| 92〜109…c10 | 145〜156…c14 |
| 110〜123…c11 | |
| 124〜128…c12 | |

裏面（うらめん）の英語を見て、日本語を言えるかな？

教科書ワーク　英語　6年
付録　単語カード　1〜79

付録のスピーキングアプリをいっしょに使って、発音の練習もしてみよう！

教科書ワーク　英語　6年
付録　単語カード　80〜156

c01 1 **artist**

c01 2 **astronaut**

c01 3 **carpenter**

c01 4 **comedian**

c01 5 **dentist**

c01 6 **flight attendant**

c01 7 **musician**

c01 8 **cook**

chef とも言うよ。cook には「料理をする」という意味もあるよ。

c01 9 **pianist**

c01 10 **scientist**

c01 11 **soccer player**

c01 12 **vet**

c01 13 **writer**

write は「書く」という意味だよ。

c01 14 **zookeeper**

zoo keeper と２語で表すこともあるよ。

c02 15 **bat**

c02 16 **eraser**

17

めがね

18

インク

19

磁石（じしゃく）

20

えんぴつけずり

21

プレゼント

22

ラケット

23

サッカーボール

24
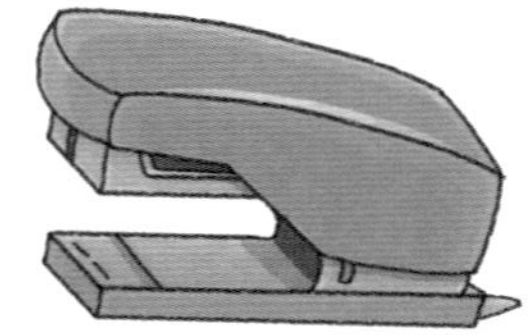
ホッチキス

25

スマートフォン

26

かさ

27

体操（たいそう）

28

ラグビー

29

サーフィン

30

テニス

31

レスリング

32
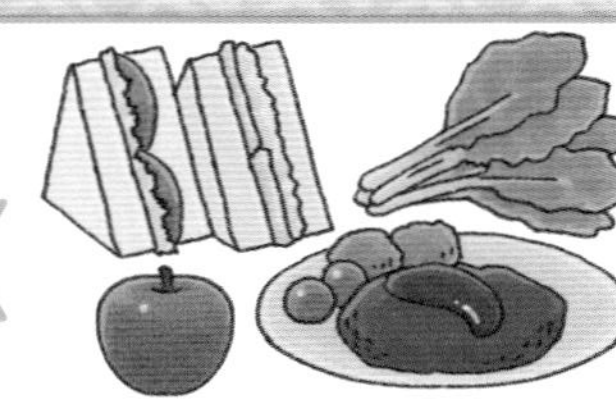
食べ物

33

飲み物

34

デザート

35

メニュー

36
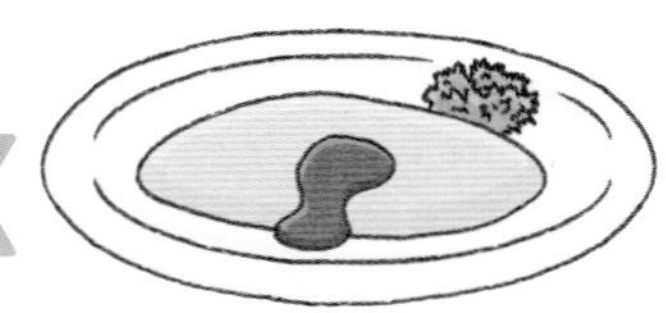
オムレツ

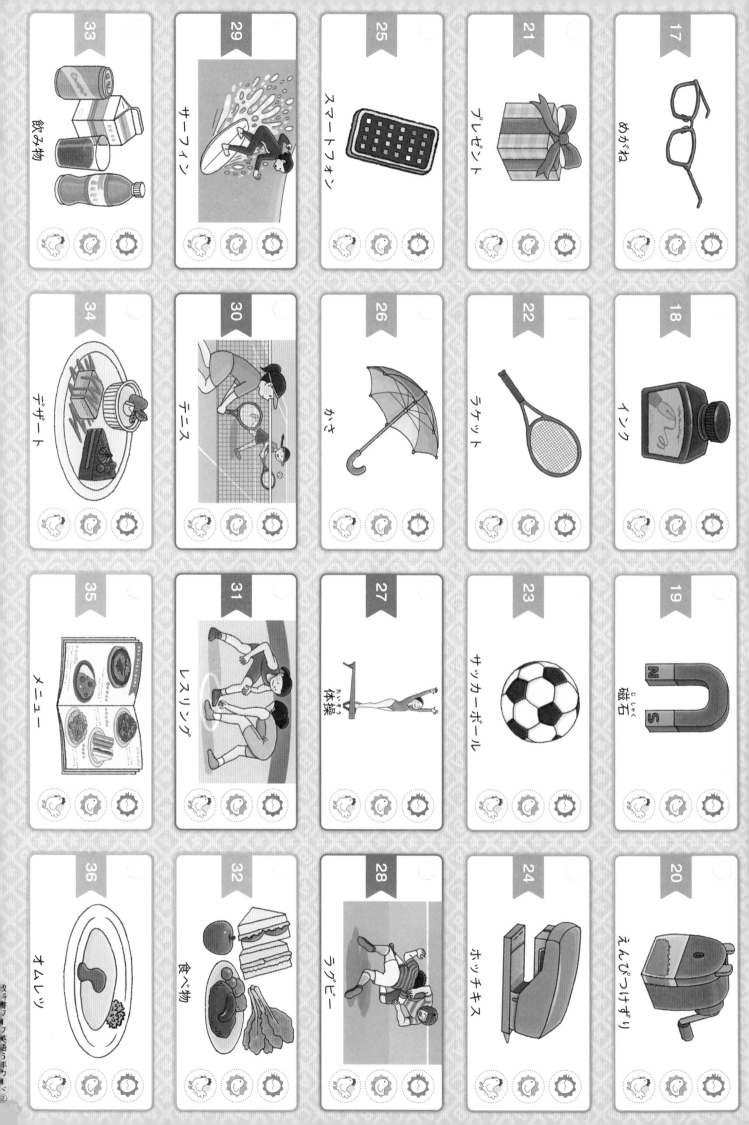

| | | | |
|---|---|---|---|
| ♪c02 20 **pencil sharpener** | ♪c02 19 **magnet** | ♪c02 18 **ink** | ♪c02 17 **glasses** |
| ♪c02 24 **stapler** | ♪c02 23 **soccer ball** | ♪c02 22 **racket** | ♪c02 21 **present** |
| ♪c03 28 **rugby** | ♪c03 27 **gymnastics** | ♪c02 26 **umbrella** | ♪c02 25 **smartphone** phone は「電話」という意味だよ。 |
| ♪c04 32 **food** | ♪c03 31 **wrestling** | ♪c03 30 **tennis** | ♪c03 29 **surfing** |
| ♪c04 36 **omelet** | ♪c04 35 **menu** | ♪c04 34 **dessert** | ♪c04 33 **drink** |

37
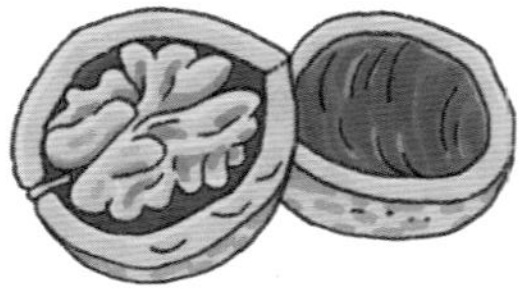
ナッツ、木の実

38

ブロッコリー

39

カボチャ

40

ヨーグルト

41

ジャム

42

プリン

43
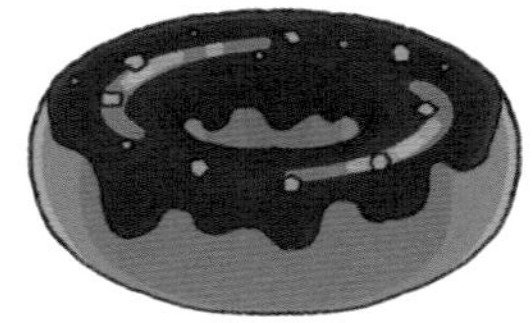
ドーナツ

44
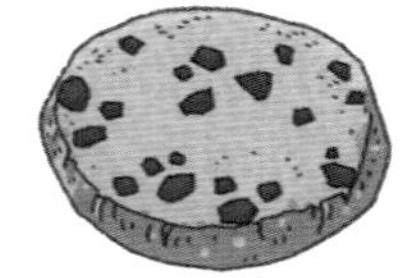
クッキー

45
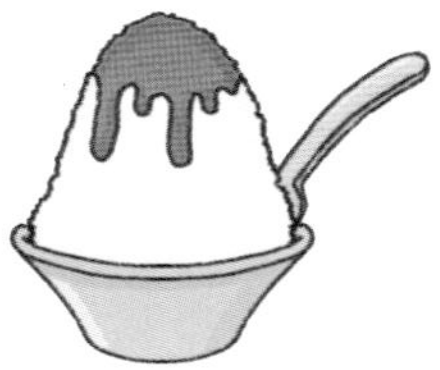
かき氷

46

緑茶

47

山

48

海

49

川

50

湖

51
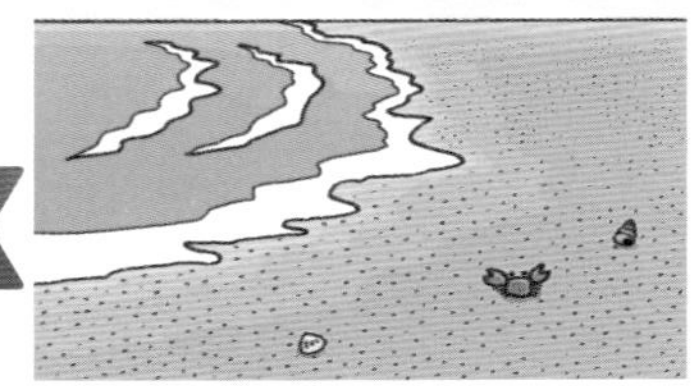
浜辺

52
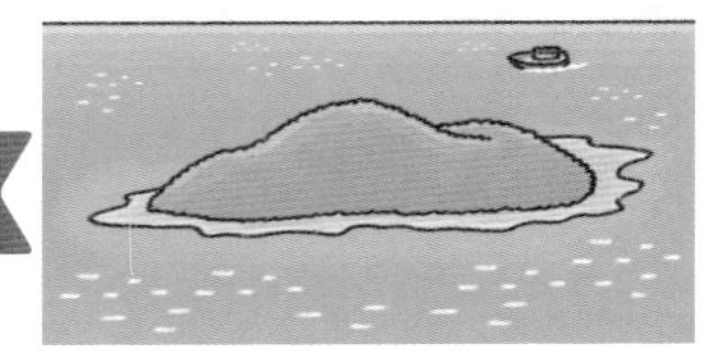
島

53

木

54

太陽

55

月

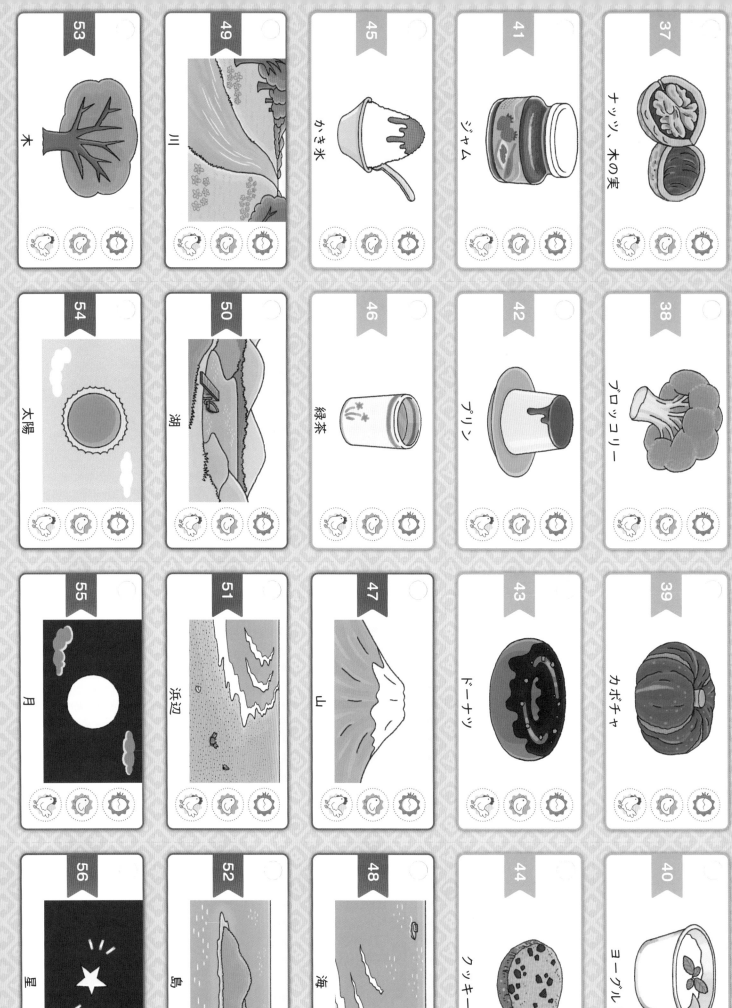

56

星

c04 37 **nut**

c04 38 **broccoli**

c04 39 **pumpkin**

c04 40 **yogurt**

c04 41 **jam**

c04 42 **pudding**

c04 43 **donut**

c04 44 **cookie**

c04 45 **shaved ice**
snow cone という
言い方もあるよ。

c04 46 **green tea**
tea だけだとふつう
「紅茶(こうちゃ)」をさすよ。

c05 47 **mountain**

c05 48 **sea**

c05 49 **river**

c05 50 **lake**

c05 51 **beach**

c05 52 **island**
発音に注意しよう。
s は発音しないよ。

c05 53 **tree**

c05 54 **sun**

c05 55 **moon**
「満月」は full moon
と言うよ。

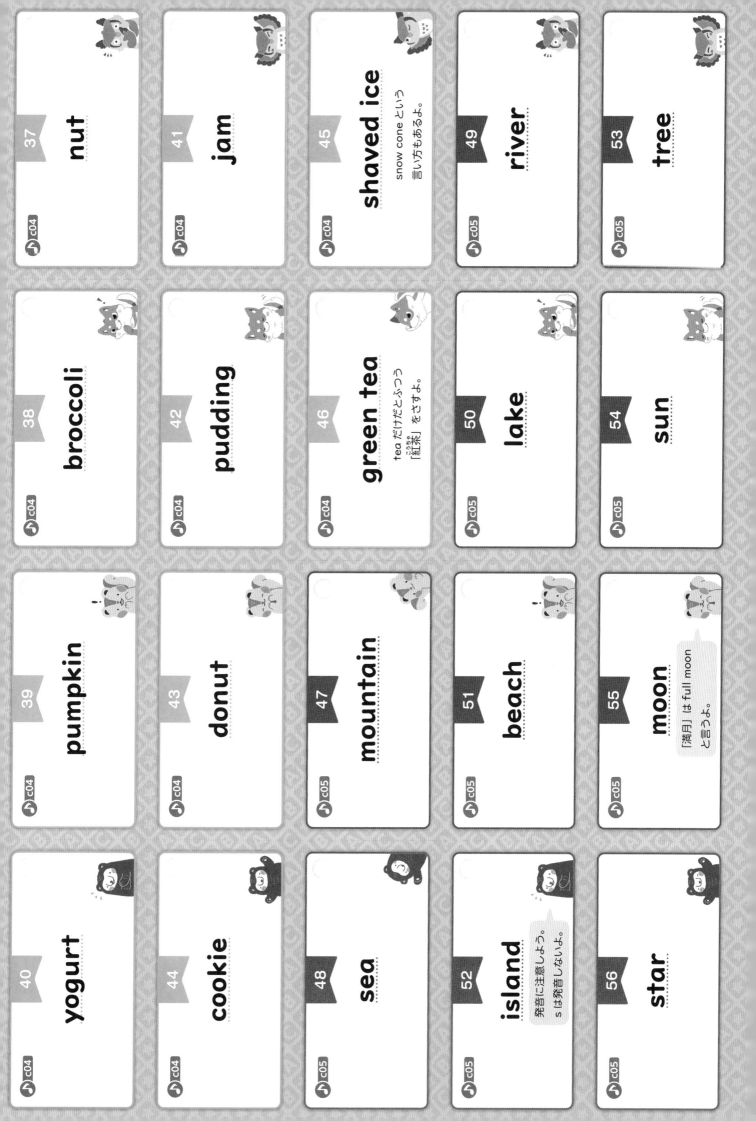

c05 56 **star**

57
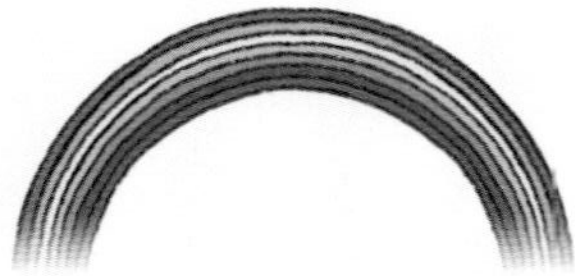
にじ

58

キリン

59

ヤギ

60

コアラ

61

ペンギン

62

ウミガメ

63

クジラ

64

オオカミ

65

シマウマ

66

アリ

67

チョウ

68

カエル

69

入学式

70

運動会

71

修学旅行

72

合唱コンクール

73
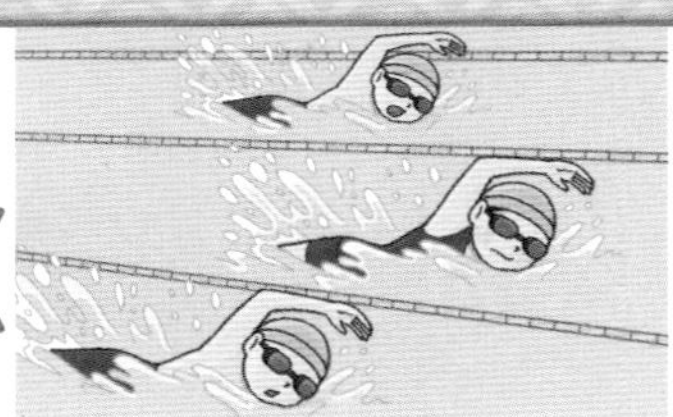
水泳競技会

74

学芸会

75

音楽祭

76

遠足、社会科見学

57 c05
**rainbow**

58 c06
**giraffe**

59 c06
**goat**

60 c06
**koala**

61 c06
**penguin**

62 c06
**sea turtle**
turtle は「カメ」という意味だよ。

63 c06
**whale**

64 c06
**wolf**
2ひき以上は wolves だよ。

65 c06
**zebra**

66 c06
**ant**

67 c06
**butterfly**
2ひき以上は butterflies だよ。

68 c06
**frog**

69 c07
**entrance ceremony**
entrance は「入口」という意味もあるよ。

70 c07
**sports day**
sports festival という言い方もあるよ。

71 c07
**school trip**

72 c07
**chorus contest**

73 c07
**swimming meet**
swim meet という言い方もあるよ。

74 c07
**drama festival**

75 c07
**music festival**
school concert という言い方もあるよ。

76 c07
**field trip**

77

マラソン

78

ボランティアの日

79

卒業式

80

オーストラリア

81

ブラジル

82

エジプト

83

イタリア

84

韓国

85
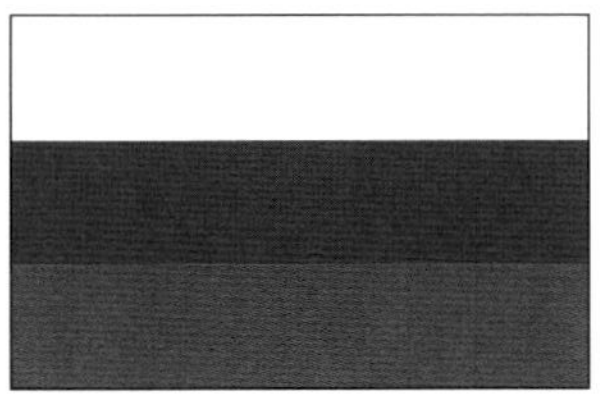
ロシア

86

スペイン

87

イギリス

88

桜（の花）

89

花火

90

祭り

91

温泉

92

町

93

書店

94
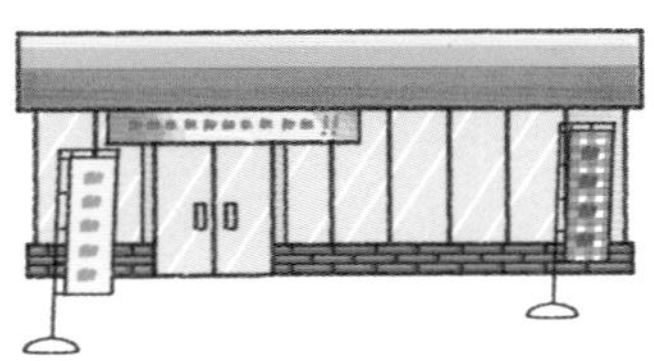
コンビニエンスストア

95
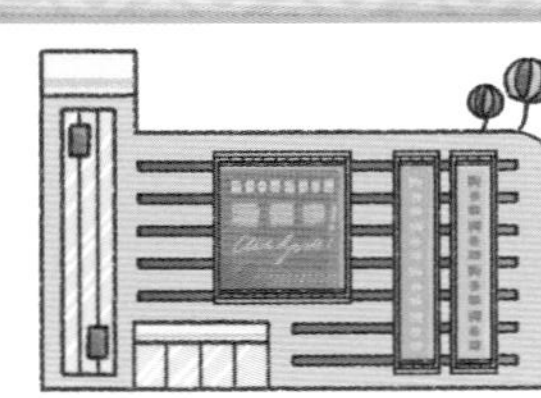
デパート

96

映画館

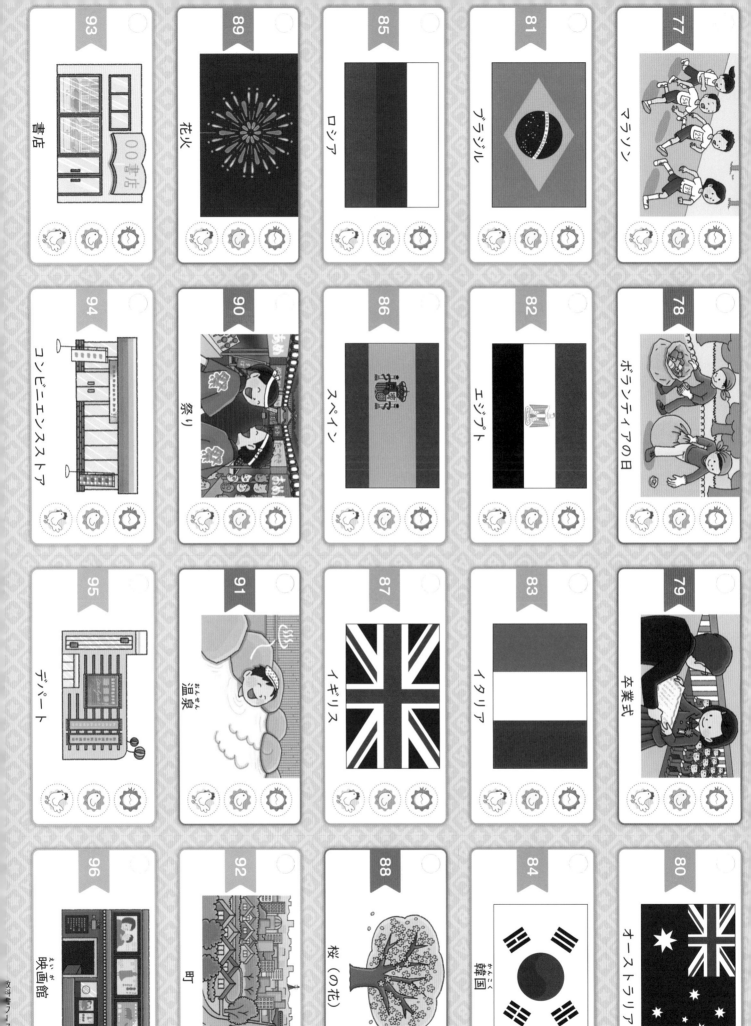

**77** c07
**marathon**

**78** c07
**volunteer day**

**79** c07
**graduation ceremony**
graduation day という言い方もあるよ。

**80** c08
**Australia**

**81** c08
**Brazil**

**82** c08
**Egypt**

**83** c08
**Italy**

**84** c08
**Korea**
South Korea という言い方もあるよ。

**85** c08
**Russia**

**86** c08
**Spain**

**87** c08
**the U.K.**
the United Kingdom を短くした言い方だよ。

**88** c09
**cherry blossom**

**89** c09
**fireworks**

**90** c09
**festival**

**91** c09
**hot spring**

**92** c10
**town**
似たものに city（市、都市）があるよ。

**93** c10
**bookstore**

**94** c10
**convenience store**

**95** c10
**department store**

**96** c10
**movie theater**
theater は「劇場（げきじょう）」という意味だよ。

97
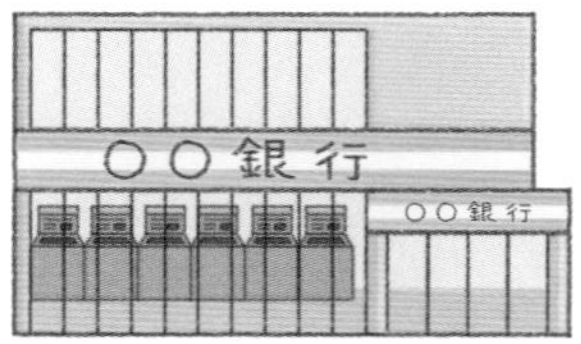

銀行

98

パン店

99

工場

100

遊園地

101
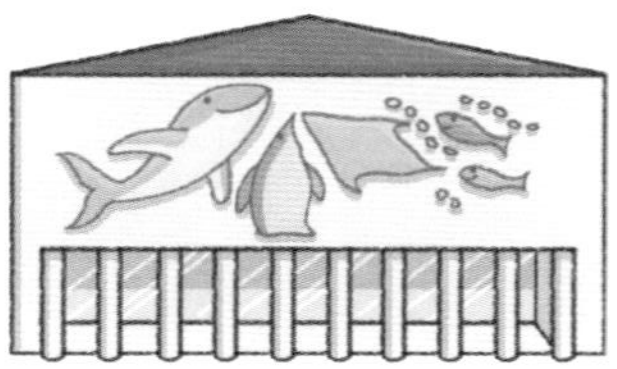
水族館

102
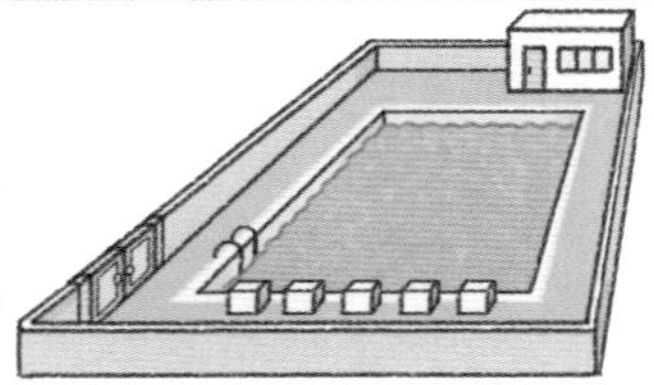
プール

103
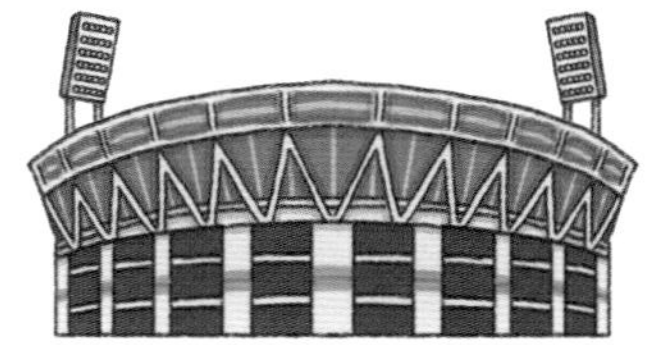
スタジアム

104

動物園

105

城

106

寺

107

神社

108

庭

109

橋

110

とてもおいしい

111

わくわくさせる

112

楽しいこと

113

おもしろい

114

すばらしい、おどろくべき

115

美しい

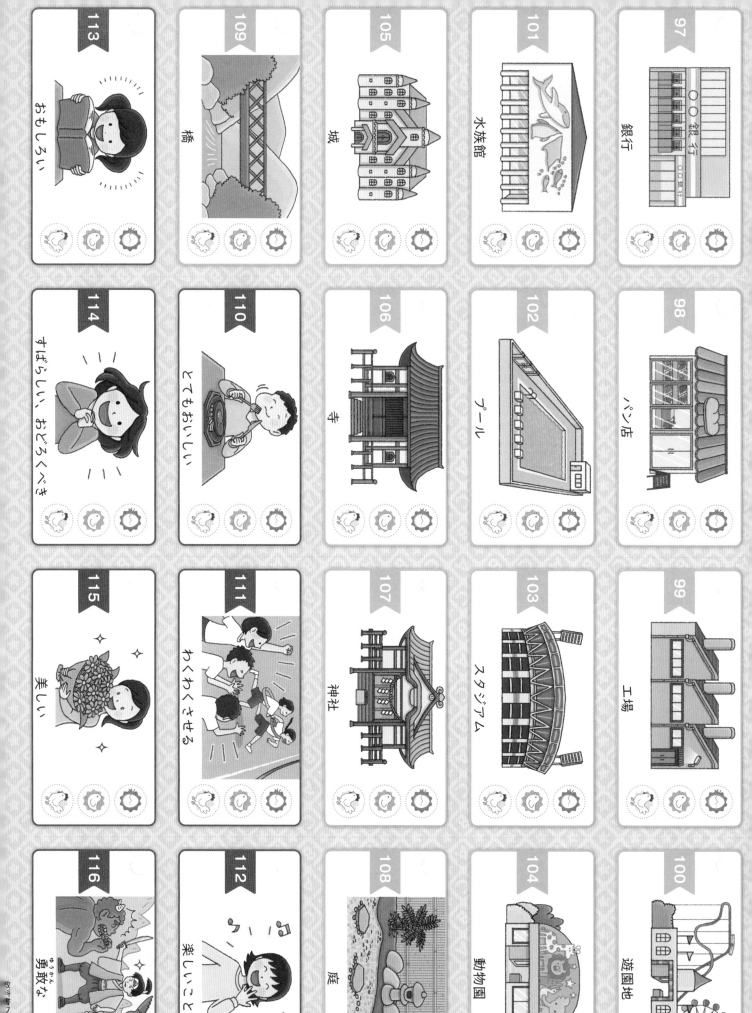

116

勇敢(ゆうかん)な

97 c10 **bank**

98 c10 **bakery**

99 c10 **factory**

100 c10 **amusement park**

101 c10 **aquarium**

102 c10 **swimming pool**
swimmimg は「水泳」という意味だよ。

103 c10 **stadium**

104 c10 **zoo**

105 c10 **castle**
発音に注意しよう。
t は発音しないよ。

106 c10 **temple**

107 c10 **shrine**

108 c10 **garden**

109 c10 **bridge**

110 c11 **delicious**

111 c11 **exciting**

112 c11 **fun**

113 c11 **interesting**

114 c11 **wonderful**

115 c11 **beautiful**

116 c11 **brave**

117

おかしい

118

人気のある

119

かわいい

120

こわい

121

のどがかわいた

122

高い

123

（背(せ)が）高い

124

あまい

125

苦い

126

すっぱい

127

塩からい

128

からい、ぴりっとした

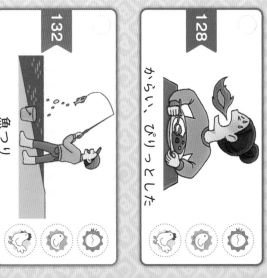

129

キャンプ

130

ハイキング

131

買い物

132

魚つり

133

楽しむ

134

訪問(ほうもん)する

135

話す

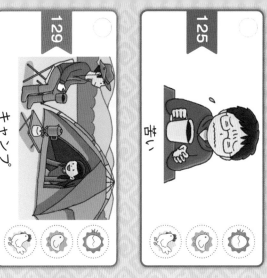

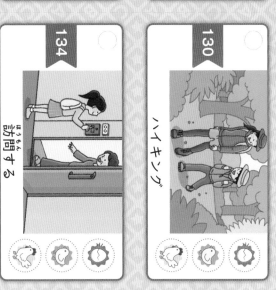

136

読む

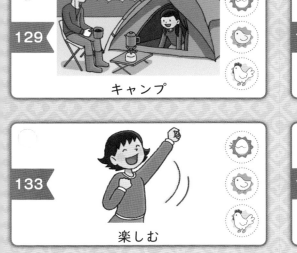

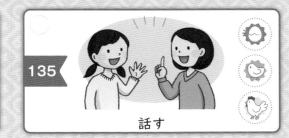

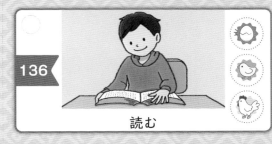

♪c11 117
funny

♪c11 118
popular

♪c11 119
cute

♪c11 120
scary

♪c11 121
thirsty

♪c11 122
high
「位置が高い」ときなどに使うよ。

♪c11 123
tall

♪c12 124
sweet

♪c12 125
bitter

♪c12 126
sour

♪c12 127
salty
「塩」は salt だよ。

♪c12 128
spicy

♪c13 129
camping

♪c13 130
hiking

♪c13 131
shopping

♪c13 132
fishing

♪c13 133
enjoy

♪c13 134
visit

♪c13 135
talk
「会話をする」というときなどに使うよ。

♪c13 136
read
read books で「読書をする」だよ。

137

教える

138

勉強する

139

絵をかく

140

速く走る

141

縄とびをする

142

サッカーをする

143

ピアノをひく

144

一輪車に乗る

145

顔をあらう

146

歯をみがく

147

朝食を食べる

148

昼食を食べる

149

夕食を食べる

150

イヌを散歩させる

151

新聞を取る

152

ごみを出す

153

部屋のそうじをする

154

食卓（しょくたく）の準備をする

155

皿をあらう

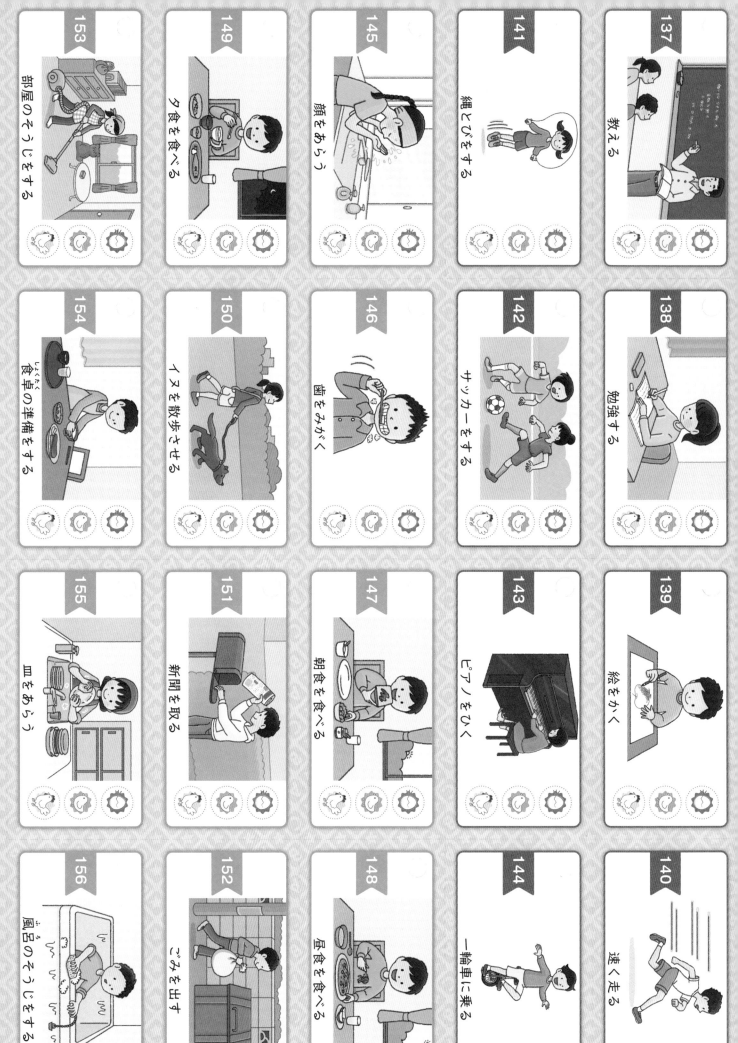

156

風呂（ふろ）のそうじをする

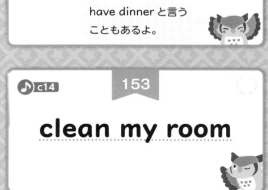

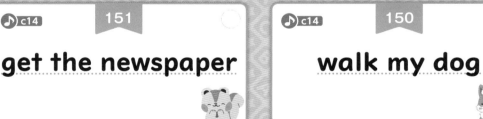

c13 137
**teach**

c13 138
**study**

c13 139
**draw**
「絵の具でかく」ときは paint を使うよ。

c13 140
**run fast**
fast は「速く」という意味だよ。

c13 141
**jump rope**

c13 142
**play soccer**

c13 143
**play the piano**
「(楽器を) ひく」というときは楽器名の前に the をつけるよ。

c13 144
**ride a unicycle**
ride a bicycle[bike] で「自転車に乗る」だよ。

c14 145
**wash my face**

c14 146
**brush my teeth**
teeth は2本以上の歯のことだよ。1本の歯は tooth だよ。

c14 147
**eat breakfast**
have breakfast と言うこともあるよ。

c14 148
**eat lunch**
have lunch と言うこともあるよ。

c14 149
**eat dinner**
have dinner と言うこともあるよ。

c14 150
**walk my dog**

c14 151
**get the newspaper**

c14 152
**take out the garbage**

c14 153
**clean my room**

c14 154
**set the table**

c14 155
**wash the dishes**

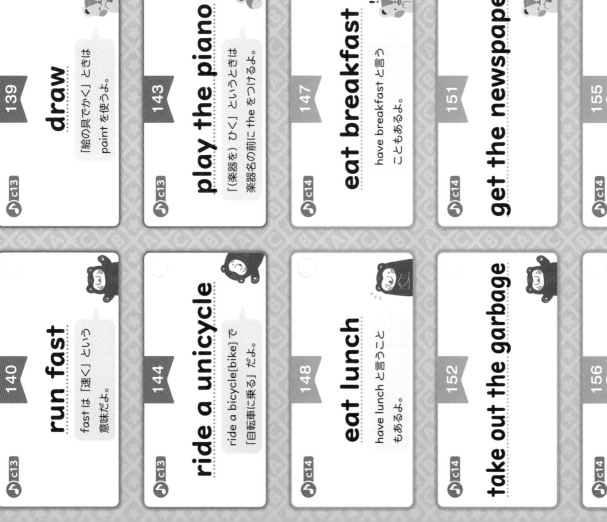

c14 156
**clean the bath**

# 教科書ワーク もくじ

啓林館版 英語6年



**動画で復習&アプリで練習! 重要表現まるっと整理**

# この本のくわしい使い方

小学教科書ワークでは 教科書内容の学習 ・ 重要単語の練習 ・ 重要表現のまとめ の3つの柱で小学校で習う英語を楽しくていねいに学習できます。ここではそれぞれの学習の流れを紹介します。

## 教科書内容の学習

### 1 基本のワーク

アレック Alec先生

QRコードを読み取ると音声が流れるよ！
リズムにあわせて楽しく練習！

ことば編

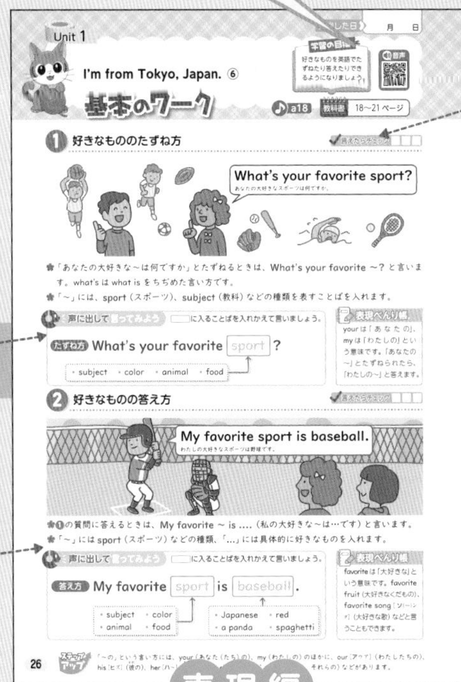


表現編

① 新しく習う英語を音声に続いて大きな声で言おう。

- ことば編 では、その単元で学習する単語をリズムに合わせて音読するよ。
- 表現編 では、最初にふきだしの英語の音声を聞いて、その単元で学習する表現を確認するよ。
  次に「声に出して言ってみよう」で ▭ のことばに入れかえてリズムに合わせて音読するよ。

② 新しく習う表現についての説明を読もう。

③ 声に出して言えたら、□ にチェックをつけよう。

## 重要単語の練習

### 1 わくわく英語カード

ことば編 の最後に、英語カードの対応番号が書いてあるよ！

英語カード 32 ～ 36

各単元に関連する単語をいっしょに覚えよう！
音声つき！

### 2 英語練習ノート

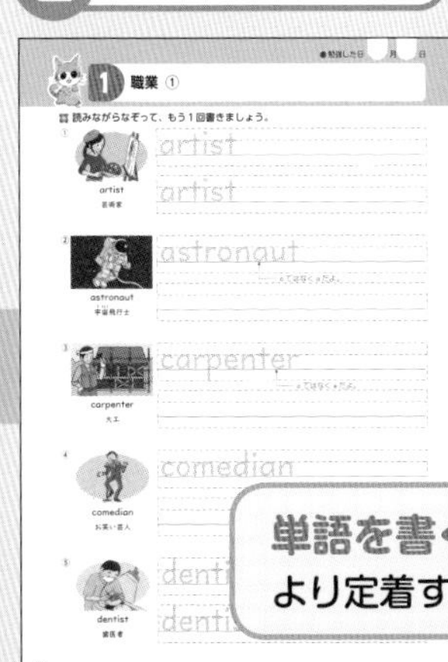


単語を書くとより定着するよ！



※QRコードは(株)デンソーウェーブの登録商標です。

英語音声の再生方法は
5ページを見よう！

## ② 書いて練習のワーク　③ 聞いて練習のワーク　④ まとめのテスト

QR コードから問題の音声が聞けるよ。

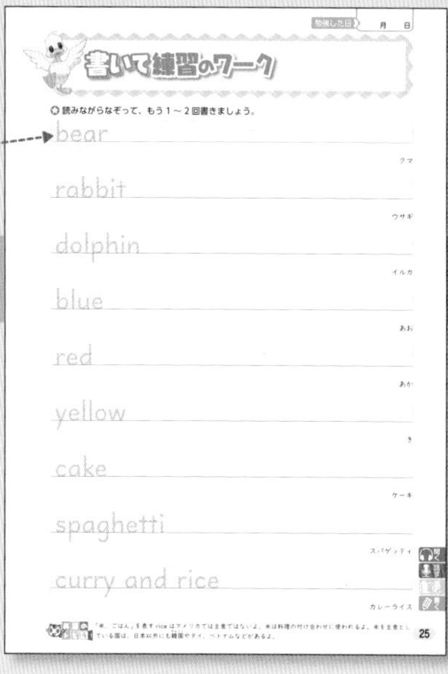


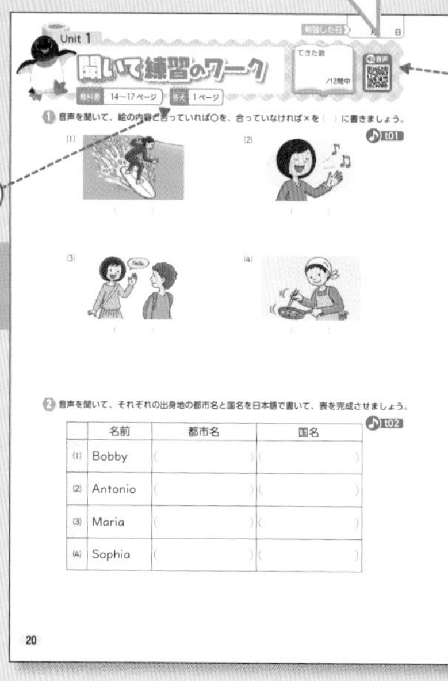


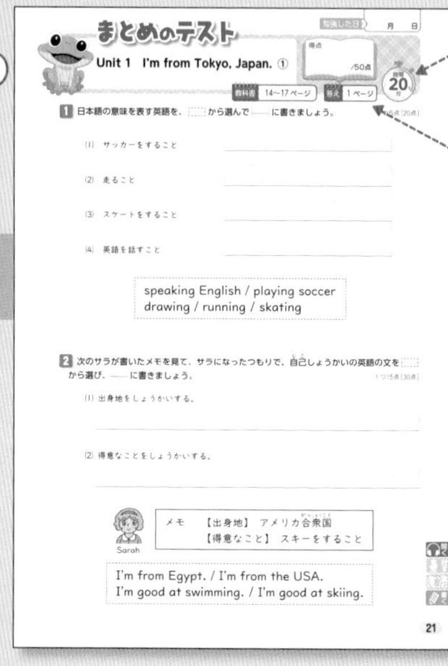


④新しく習ったことばや表現を書いて練習しよう。声に出して言いながら書くと効果的だよ。
⑤音声を聞いて問題に答えよう。聞きとれなかったら、もう一度聞いてもOK。
⑥解答集を見て答え合わせをしよう。読まれた音声も確認！
⑦確認問題にチャレンジ！問題をよく読もう。時間を計ってね。
⑧解答集を見て答え合わせをしよう。

## ③ 単語リレー（実力判定テスト）やはつおん上達アプリおん達でアウトプット！

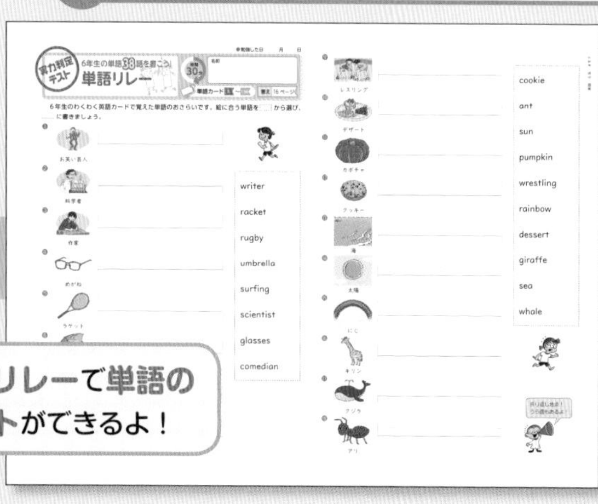


単語リレーで単語のテストができるよ！

おん達ではつおん練習ができるよ！

おん達の使い方・アクセスコードは4ページを見よう！

# 重要表現のまとめ

**動画で復習&アプリで練習!**
**重要表現まるっと整理**

QRコードを読み取ると
**わくわく動画**が見られるよ！

重要表現まるっと整理

第7回 入りたい部活動について
重要表現まるっと整理

勉強した日　月　日

6-07　動画

◎アプリを使って会話の練習をしましょう。80点以上になるように何度も練習しましょう。

トレーニング　入りたい部活動についての表現で練習しましょう。　の部分をかえて練習しましょう。

s13

□① What club do you want to join?　あなたは何部に入りたいですか。

□② I want to join the table tennis team.　わたしは卓球部に入りたいです。

・chorus ・science club ・cooking club

□③ What school event do you want to enjoy?　あなたはどんな学校行事を楽しみたいですか。

□④ I want to enjoy the school festival.　わたしは学園祭を楽しみたいです。

・chorus contest ・swimming meet ・drama festival

チャレンジ　入りたい部活動についての会話を練習しましょう。

s14



120

## わくわく動画

リズムにあわせて表現の復習！

自己(じこ)表現の練習も！

発音上達アプリ**おん達**
にも対応しているよ。

「重要表現まるっと整理」は
113ページからはじまるよ。

Adra（アドラ）

最後にまとめとして使って
もよいし、日ごろの学習に
プラスしてもよいね！

Oliver（オリバー）

## アプリ・音声について

この本のふろくのすべてのアクセスコードは **EUPXQF9a** です。

### ★ 文理のはつおん上達アプリ　おん達

- 「重要表現まるっと整理」と「わくわく英語カード」の発話練習ができます。
- お手本の音声を聞いて、自分の発音をふきこむとAIが点数をつけます。
- 何度も練習し、高得点を目ざしましょう。
- 右のQRコードからダウンロードページへアクセスし、上記のアクセスコードを入力してください。
- アクセスコード入力時から15か月間ご利用になれます。
- 【推奨環境(すいしょうかんきょう)】スマートフォン、タブレット等(iOS11以上、Android8.0以上)

おん達
ダウンロード

※音声配信サービスおよび「おん達」は無料ですが、別途各通信会社の通信料がかかります。
※お客様のネット環境および端末によりご利用いただけない場合がございます。ご理解、ご了承いただきますよう、お願いいたします。

## 実力判定テスト

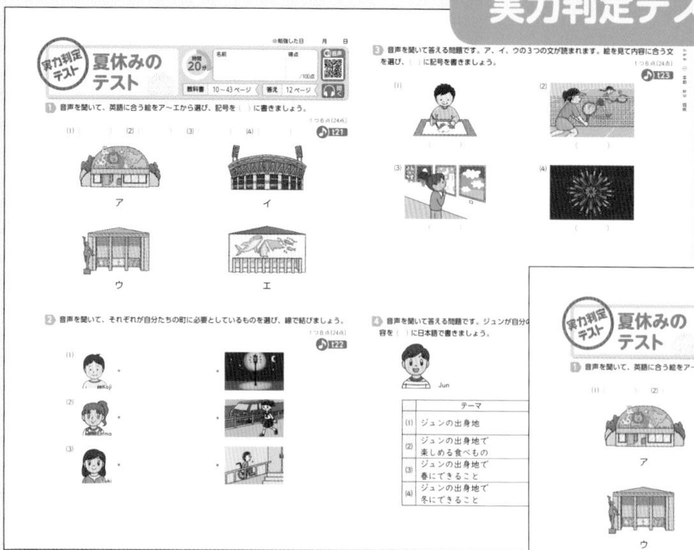

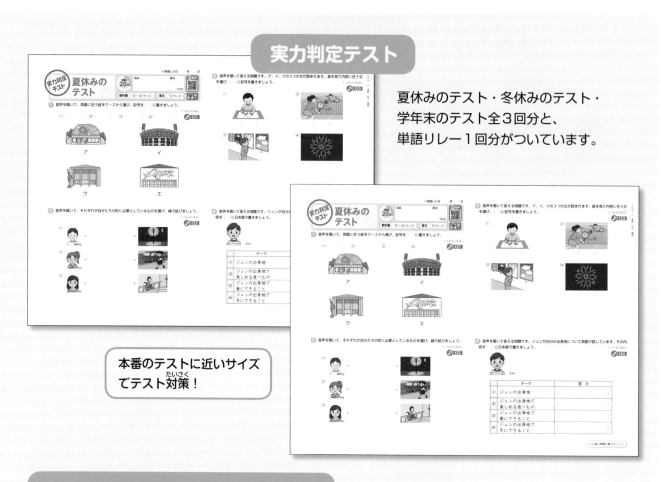

夏休みのテスト・冬休みのテスト・
学年末のテスト全3回分と、
単語リレー1回分がついています。

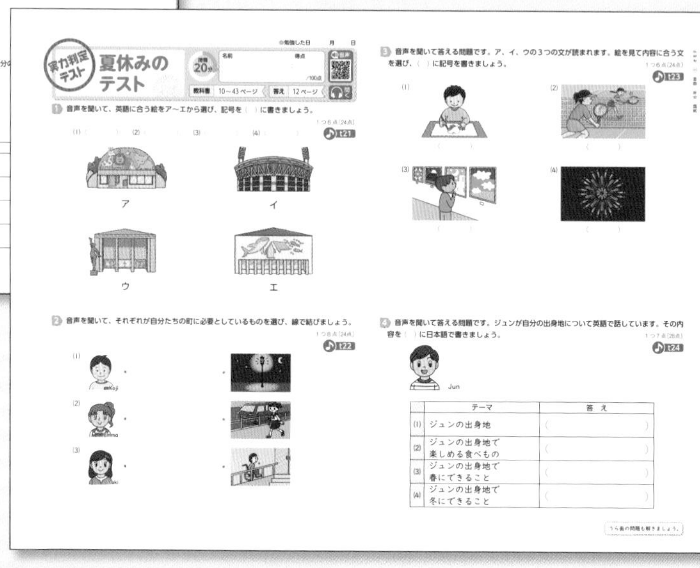


本番のテストに近いサイズでテスト対策(たいさく)！

## CBT(Computer Based Testing)

### ◆CBTの使い方

➊BUNRI-CBT(https://b-cbt.bunri.jp)にPC・タブレットでアクセス。

➋ログインして、4ページのアクセスコードを入力。

WEB 上のテストにちょうせん。
成績表で苦手チェック！

## ★英語音声の再生方法

●英語音声があるものには ♪a01 がついています。音声は以下の3つの方法で再生することができます。

①**QRコードを読み取る：**
各単元の冒頭(ぼうとう)についている音声QRコードを読み取ってください。

②**音声配信サービスonhaiから再生する：**
WEBサイト https://listening.bunri.co.jp/ へアクセスしてください。

③**音声をダウンロードする：**
文理ホームページよりダウンロードも可能です。
URL　https://portal.bunri.jp/b-desk/eupxqf9a.html

②・③では4ページのアクセスコードを入力してください。

※本体、ふろくの国旗イラストのたてと横の比率は、国際連合で使用している2：3になっています。

# アルファベット 大文字

A B C D E

F G H I J

K L M N

O P Q R

S T U V W

X Y Z

## 小文字

リズムに合わせて、声に出して言いましょう。 言えたらチェック

音声 ♪ a01

# アルファベットを書こう

✪ 読みながらなぞって、もう１回書きましょう。

※書き順は一つの例です。

**大文字**

●…書き出し

A A
B B
C C
D D
E E
F F
G G
H H
I I
J J
K K
L L
M M
N N
O O
P P
Q Q
R R
S S
T T
U U
V V
W W
X X
Y Y
Z Z

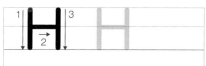

形や大きさに注意して
書いてみよう！

## 小文字

a a

b b

c c

d d

e e

f f

g g

h h

i i

j j

k k

l l

m m

n n

o o

p p

q q

r r

s s

t t

u u

v v

w w

x x

y y

z z

全部書けた
かな？

## I can speak English! ①

# 基本のワーク

勉強した日　月　日

**学習の目標**
5年生で学習した自己しょうかいの表現を復習しましょう。

音声

教科書　10～13ページ

## 1 自己しょうかいをしよう

言えたらチェック　♪a02

ミカとジェイムズが自己しょうかいをしています。音声を聞いて、言いましょう。

自分の名前と誕生日の言い方

自分の名前や誕生日を入れて言ってみよう。

My name is Mika.　わたしの名前はミカです。

My birthday is March 5th.　わたしの誕生日は3月5日です。

I'm James.　わたしはジェイムズです。

My birthday is August 21st.　わたしの誕生日は8月21日です。

できることのたずね方と答え方

たずね方　Can you play basketball?　あなたはバスケットボールをすることができますか。

答え方　Yes, I can.　はい、できます。

I can play basketball.　わたしはバスケットボールをすることができます。

たずね方　Can you play the guitar?　あなたはギターをひくことができますか。

答え方　No, I can't.　いいえ、できません。

I can't play the guitar.　わたしはギターをひくことができません。

### ワードボックス　♪a03

- ☐ play the piano　ピアノをひく
- ☐ ride a unicycle　一輪車に乗る
- ☐ play soccer　サッカーをする
- ☐ run fast　速く走る
- ☐ speak English　英語を話す
- ☐ cook　料理をする
- ☐ sing　歌う
- ☐ swim　泳ぐ
- ☐ ski　スキーをする
- ☐ dance　おどる

### 思い出そう

Can you ~?(あなたは～することができますか)と、I can[can't] ~.(わたしは～することができます［できません］)の「～」には、動作を表すことばが入ります。

## ✪音声を聞いて、言いましょう。

言えたらチェック □□□　a04

### 得意なことのたずね方と答え方

たずね方　**Are you good at singing ?**　あなたは歌うことが得意ですか。

答え方　**Yes, I am.**　はい、得意です。

**I'm good at singing .**　わたしは歌うことが得意です。

たずね方　**Are you good at swimming ?**　あなたは泳ぐことが得意ですか。

答え方　**No, I'm not.**　いいえ、得意ではありません。

**I'm not good at swimming .**　わたしは泳ぐことが得意ではありません。

**思い出そう**

Are you good at ~?（あなたは~が得意ですか）、I'm (not) good at ~.（わたしは~が得意です［ではありません］）の「~」には、「~すること」の形の動作を表すことばや教科などが入ります。

### 自分の好きなものや、ほしいものの言い方

**I like dogs .**　わたしはイヌが好きです。

**I want a dog .**　わたしはイヌがほしいです。

ものが1つのときは、ふつう a dog（イヌ）のように a[an] をつけて、2つ以上のときは、dogs や tomatoes（トマト）のように s や es をつけて言うよ。I like ~.（わたしは~が好きです）と言うときは、I like dogs. や I like tomatoes. のように、s や es をつけることが多いんだ。

**思い出そう**

like は「好き」、want は「ほしい」、have は「ある、持っている」という意味です。これらのことばのあとには、もの、動物、教科などを続けます。

### 時間割にある教科や、持っているものの言い方

**I have music today.**　わたしは今日は音楽があります。

**I have a recorder .**　わたしはリコーダーを持っています。

### Word ワードボックス　a05

□ playing the guitar　ギターをひくこと
□ playing soccer　サッカーをすること
□ math　算数
□ science　理科
□ rabbit(s)　ウサギ
□ panda(s)　パンダ
□ ruler(s)　定規
□ magnet(s)　磁石

# I can speak English! ②

# 基本のワーク



学習の目標・
友だちのしょうかいの仕方や、行きたい国をたずねる表現を復習しましょう。

音声

教科書　10～13ページ

## ② 友だちや家族をしょうかいしよう

言えたらチェック　♪ a06

❶の自己(じこ)しょうかいの情報をもとに、ミカとジェイムズがおたがいをしょうかいしています。音声を聞いて、言いましょう。

相手の名前、とくちょう、できることや得意なことの言い方

This is James.　こちらはジェイムズです。

He's my friend.　彼(かれ)はわたしの友だちです。

He's smart.　彼はかしこいです。

He can play basketball.　彼はバスケットボールをすることができます。

I like him very much.　わたしは彼が大好きです。

This is ～. は、This is my father.（こちらはわたしの父です）のように、家族をしょうかいするときなどにも使えるよ。

「彼は～です」と男性のことを言うときには He's [He is] ～.、「彼女は～です」と女性のことを言うときには She's [She is] ～. を使うよ。

This is Mika.　こちらはミカです。

She's my friend.　彼女(かのじょ)はわたしの友だちです。

She's kind.　彼女は親切です。

She's good at singing.　彼女は歌うことが得意です。

I like her very much.　わたしは彼女が大好きです。

**思い出そう**

He[She] can ～.（彼[彼女]は～することができます）の「～」には、I can ～. と同様に動作を表すことばが入ります。He[She] is good at ～.（彼[彼女]は～が得意です）の「～」には、I'm good at ～. と同様に「～すること」の形のことばや教科名、スポーツ名などが入ります。

### ワードボックス

♪ a07

- □ mother(s)　母親
- □ father(s)　父親
- □ grandmother(s)　祖母
- □ grandfather(s)　祖父
- □ brother(s)　兄、弟
- □ sister(s)　姉、妹
- □ aunt(s)　おば
- □ uncle(s)　おじ
- □ cousin(s)　いとこ
- □ strong　強い
- □ cheerful　元気のある
- □ friendly　親しみやすい
- □ cool　かっこいい
- □ funny　おもしろい
- □ cute　かわいい
- □ brave　勇敢な
- □ popular　人気のある
- □ gentle　優しい

## 3 行ってみたい国をたずねよう

言えたらチェック □□□　♪ a08

✪ 音声を聞いて、言いましょう。

✽ 行ってみたい国のたずね方と答え方、したいことの言い方

たずね方　**Where do you want to go?**　あなたはどこへ行きたいですか。

答え方　**I want to go to** the USA**.**　わたしはアメリカ合衆国へ行きたいです。

**I want to** watch basketball games**.**

わたしはバスケットボールの試合が見たいです。

「あなたはどうですか」と相手の考えをたずねたいときには、How about you? と言うよ。

### ワードボックス

♪ a09

- □ France　フランス
- □ India　インド
- □ Italy　イタリア
- □ Egypt　エジプト
- □ Canada　カナダ
- □ Brazil　ブラジル
- □ visit　訪れる
- □ drink　飲む
- □ eat　食べる
- □ see　見る
- □ buy　買う
- □ watch　見る
- □ visit the zoo　動物園を訪れる
- □ drink chai　チャイを飲む
- □ eat pizza　ピザを食べる
- □ see the pyramids　ピラミッドを見る
- □ buy maple syrup　メープルシロップを買う
- □ watch soccer games　サッカーの試合を見る

聞く　話す　読む　書く

勉強した日　月　日

# I'm from Tokyo, Japan. ①

## 基本のワーク

学習の目標
国名を英語で言えるようになりましょう。

音声

教科書　14〜17 ページ

### 国名を覚えよう！

リズムに合わせて、声に出して言いましょう。　言えたらチェック　♪a10

□ France
フランス

□ China
中国

□ Australia
オーストラリア

□ Brazil
ブラジル
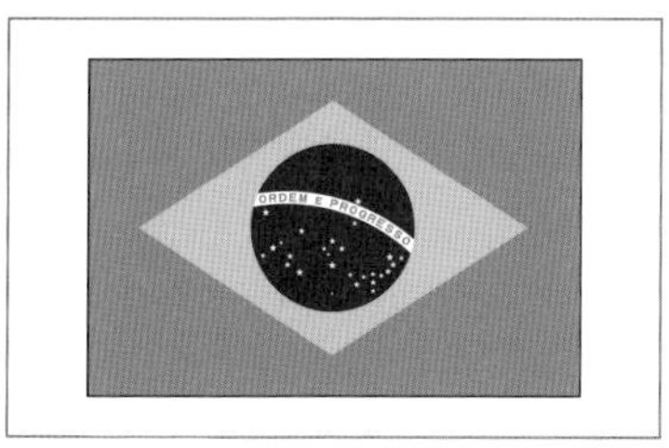

□ Japan
日本

□ Kenya
ケニア
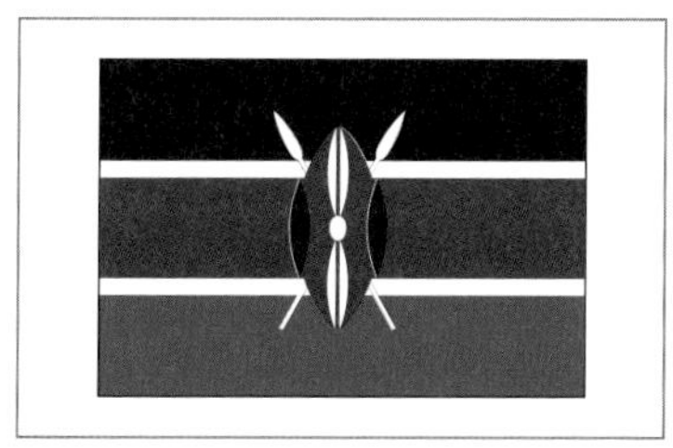

□ Italy
イタリア

□ Egypt
エジプト

□ the USA
アメリカ合衆国（がっしゅうこく）
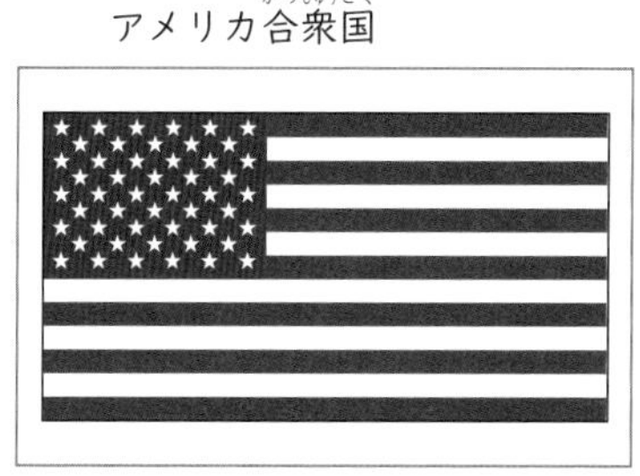

### ワードボックス　♪a11

- □ Paris(France)　パリ（フランス）
- □ Sydney(Australia)　シドニー（オーストラリア）
- □ Tokyo(Japan)　東京（日本）
- □ Rome(Italy)　ローマ（イタリア）
- □ Beijing(China)　北京（ぺきん）（中国）
- □ Rio de Janeiro(Brazil)　リオデジャネイロ（ブラジル）
- □ Nairobi(Kenya)　ナイロビ（ケニア）
- □ Cairo(Egypt)　カイロ（エジプト）



英語カード 80 〜 87

# 書いて練習のワーク

読みながらなぞって、もう１～２回書きましょう。

France

フランス

China

中国

Australia

オーストラリア

Brazil

ブラジル

Japan

日本

Kenya

ケニア

Italy

イタリア

Egypt

エジプト

the USA

アメリカ合衆国



英語のトビラ！ China と最初の文字を大文字で書くと「中国」のことだけど、china と最初の文字を小文字で書くと陶磁器（とうじき）を表すよ。

勉強した日　月　日

# I'm from Tokyo, Japan. ②

# 基本のワーク

学習の目標
動作を表すことばを英語で言えるようになりましょう。

音声

教科書　14～17 ページ

## 動作を表すことばを覚えよう！

リズムに合わせて、声に出して言いましょう。　言えたらチェック □□□　a12

□ swimming
泳ぐこと

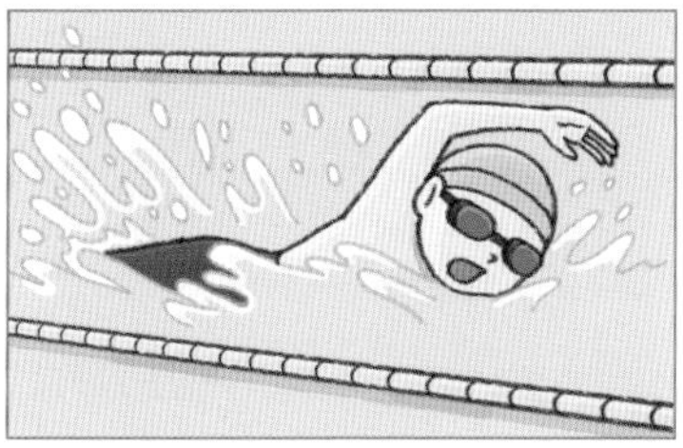

□ surfing
サーフィンをすること

□ dancing
おどること

□ cooking
料理をすること

□ skiing
スキーをすること

□ skating
スケートをすること

□ running
走ること

□ singing
歌うこと

□ drawing
絵をかくこと

□ speaking English
英語を話すこと

□ playing soccer
サッカーをすること

□ playing the piano
ピアノをひくこと

# 書いて練習のワーク

読みながらなぞって、書きましょう。

swimming
泳ぐこと

surfing
サーフィンをすること

dancing
おどること

cooking
料理をすること

skiing
スキーをすること

skating
スケートをすること

running
走ること

singing
歌うこと

drawing
絵をかくこと

speaking English
英語を話すこと

playing soccer
サッカーをすること

playing the piano
ピアノをひくこと

# I'm from Tokyo, Japan. ③
# 基本のワーク

学習の目標：出身地や得意なことを英語で言えるようになりましょう。

音声 ♪a13　教科書 14～17 ページ

## 1 出身地の言い方

言えたらチェック

I'm from Paris, France.
わたしはフランスのパリ出身です。

✿「わたしは～の出身です」と出身地を伝えるときは、I'm from ～. と言います。
✿「～」には、都市名や国名を入れます。

**声に出して言ってみよう**　□に入ることばを入れかえて言いましょう。

I'm from [Paris, France].

- Sydney, Australia
- Beijing, China
- Rome, Italy

**表現べんり帳**
I'm from ～. の from のあとは、I'm from Paris. や I'm from France. のように、都市名だけ、または国名だけを入れることもできます。

## 2 得意なことの言い方

言えたらチェック

I'm good at drawing.
わたしは絵をかくことが得意です。

✿「わたしは～が得意です」と言うときは、I'm good at ～. と言います。
✿「～」には、得意なことを表すことばを入れます。

**声に出して言ってみよう**　□に入ることばを入れかえて言いましょう。

I'm good at [drawing].

- singing
- cooking
- playing soccer
- playing the piano

**ちょこっとプラス**
play ～と言うとき、play the piano のように、楽器名の前には the を置きます。play soccer のように、スポーツ名の前には the を置きません。

**ステップアップ**　I'm good at ～. の文は、I'm good at soccer.（わたしはサッカーが得意です）や I'm good at English.（わたしは英語が得意です）のように、at のあとにスポーツ名や教科名を直接続けることもできます。

# 書いて練習のワーク

読みながらなぞって、もう１回書きましょう。

I'm from Paris, France.

わたしはフランスのパリ出身です。

I'm from Sydney, Australia.

わたしはオーストラリアのシドニー出身です。

I'm from Beijing, China.

わたしは中国の北京出身です。

I'm good at drawing.

わたしは絵をかくことが得意です。

I'm good at singing.

わたしは歌うことが得意です。



英語のトビラ！ オーストラリアには1987年に世界遺産に登録された、ウルル（Uluru）［ウールルー］と呼ばれる世界最大級の一枚岩があるよ。ウルルはエアーズロック（Ayers Rock）［エアーズ ラック］という名前でも知られているよ。

Unit 1

# 聞いて練習のワーク

勉強した日　月　日

できた数　/12問中

音声

教科書 14～17 ページ　答え 1 ページ

**1** 音声を聞いて、絵の内容と合っていれば○を、合っていなければ×を（　）に書きましょう。

t01

(1)

(　　　)

(2)

(　　　)

(3)

(　　　)

(4)

(　　　)

**2** 音声を聞いて、それぞれの出身地の都市名と国名を日本語で書いて、表を完成させましょう。

t02

| | 名前 | 都市名 | 国名 |
|---|---|---|---|
| (1) | Bobby | (　　　) | (　　　) |
| (2) | Antonio | (　　　) | (　　　) |
| (3) | Maria | (　　　) | (　　　) |
| (4) | Sophia | (　　　) | (　　　) |

# まとめのテスト

## Unit 1　I'm from Tokyo, Japan. (1)

得点　　/50点

時間 20分

教科書 14～17ページ　答え 1ページ

**1** 日本語の意味を表す英語を、[　　] から選んで ＿＿ に書きましょう。　1つ5点〔20点〕

(1) サッカーをすること　＿＿＿＿＿＿＿＿

(2) 走ること　＿＿＿＿＿＿＿＿

(3) スケートをすること　＿＿＿＿＿＿＿＿

(4) 英語を話すこと　＿＿＿＿＿＿＿＿

speaking English / playing soccer
drawing / running / skating

**2** 次のサラが書いたメモを見て、サラになったつもりで、自己(じこ)しょうかいの英語の文を [　　] から選び、＿＿ に書きましょう。　1つ15点〔30点〕

Sarah

メモ　【出身地】 アメリカ合衆国(がっしゅうこく)
　　　【得意なこと】 スキーをすること

(1) 出身地をしょうかいする。

＿＿＿＿＿＿＿＿＿＿＿＿＿＿＿＿

(2) 得意なことをしょうかいする。

＿＿＿＿＿＿＿＿＿＿＿＿＿＿＿＿

I'm from Egypt. / I'm from the USA.
I'm good at swimming. / I'm good at skiing.

聞く　話す　読む　書く

勉強した日　　月　　日

# I'm from Tokyo, Japan. ④

# 基本のワーク

**学習の目標**
スポーツや教科を表す英語を言えるようになりましょう。

音声

教科書 18〜21 ページ

## スポーツや教科を表すことばを覚えよう！

リズムに合わせて、声に出して言いましょう。　言えたらチェック □□□　a14

□ **basketball**
バスケットボール

□ **soccer**
サッカー

□ **baseball**
野球

□ **tennis**
テニス

□ **science**
理科

□ **English**
英語

□ **math**
算数

□ **music**
音楽

□ **home economics**
家庭科

## Word ワードボックス

a15

- □ sport(s)　スポーツ
- □ color(s)　色
- □ table tennis　卓球（たっきゅう）
- □ social studies　社会科
- □ Japanese　国語、日本語
- □ subject(s)　教科
- □ food(s)　食べもの
- □ volleyball　バレーボール
- □ P.E.　体育
- □ animal(s)　動物
- □ rugby　ラグビー
- □ arts and crafts　図画工作
- □ calligraphy　書道

# 書いて練習のワーク

✪ 読みながらなぞって、もう１～２回書きましょう。

basketball

バスケットボール

soccer

サッカー

baseball

野球

tennis

テニス

science

理科

English

英語

math

算数

music

音楽

home economics

家庭科

英語のトビラ！　「サッカー」はアメリカでは soccer と言うけれど、イギリスではふつう football［フトゥボール］と言うよ。アメリカで football と言うと、ふつうアメリカンフットボールのことをさすよ。

勉強した日　月　日

## I'm from Tokyo, Japan. ⑤

# 基本のワーク

学習の目標・
動物や色、食べものを表す英語を言えるようになりましょう。

音声

教科書　18〜21 ページ

## 動物や色、食べものを表すことばを覚えよう！

リズムに合わせて、声に出して言いましょう。　言えたらチェック　a16

☐ **bear**　複 bears
クマ

☐ **rabbit**　複 rabbits
ウサギ

☐ **dolphin**　複 dolphins
イルカ

☐ **blue**
あお

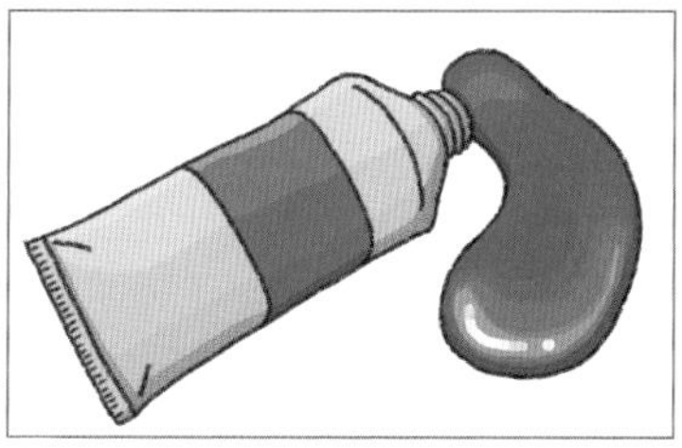

☐ **red**
あか

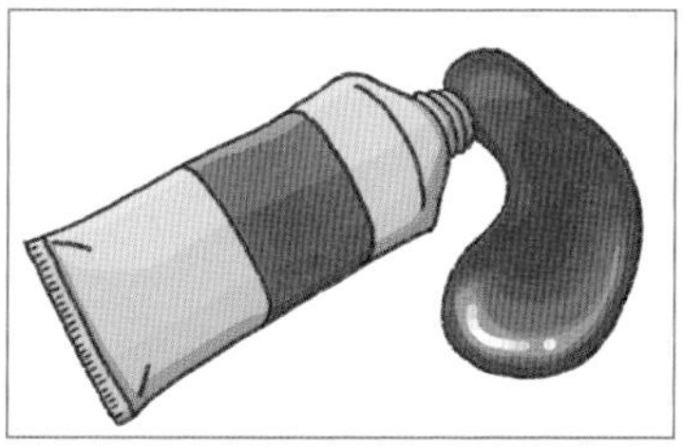

☐ **yellow**
き

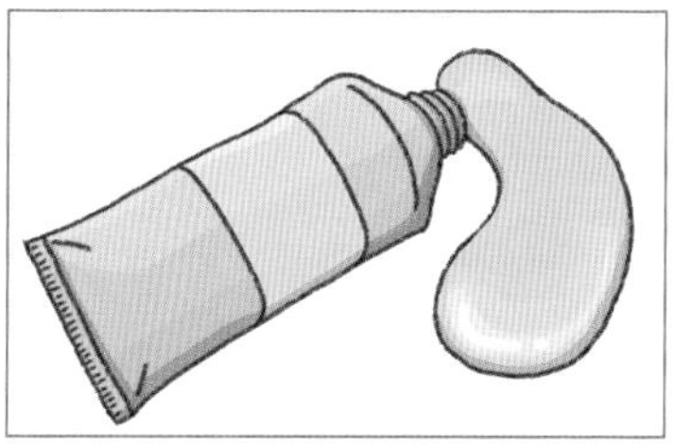

☐ **cake**　複 cakes
ケーキ

☐ **spaghetti**
スパゲッティ

☐ **curry and rice**
カレーライス

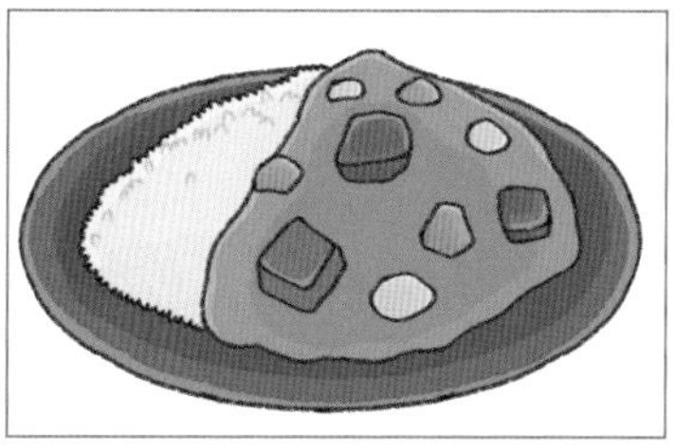

複…2つ以上のときの形（複数形）

### Word ワードボックス　a17

| | | | |
|---|---|---|---|
| ☐ dog(s) イヌ | ☐ cat(s) ネコ | ☐ bird(s) 鳥 | ☐ hamster(s) ハムスター |
| ☐ lion(s) ライオン | ☐ monkey(s) サル | ☐ tiger(s) トラ | ☐ elephant(s) ゾウ |
| ☐ panda(s) パンダ | ☐ black くろ | ☐ brown ちゃ | ☐ green みどり |
| ☐ orange オレンジ | ☐ pink ピンク | ☐ purple むらさき | ☐ white しろ |
| ☐ egg(s) たまご | ☐ pizza(s) ピザ | ☐ salad(s) サラダ | ☐ sandwich(es) サンドイッチ |


英語カード 32〜46、58〜68

# 書いて練習のワーク

✪ 読みながらなぞって、もう１～２回書きましょう。

bear

クマ

rabbit

ウサギ

dolphin

イルカ

blue

あお

red

あか

yellow

き

cake

ケーキ

spaghetti

スパゲッティ

curry and rice

カレーライス



英語のトビラ！
「米、ごはん」を表す rice はアメリカでは主食ではないよ。米は料理の付け合わせに使われるよ。米を主食としている国は、日本以外にも韓国やタイ、ベトナムなどがあるよ。

# I'm from Tokyo, Japan. ⑥

# 基本のワーク

勉強した日　　月　　日

学習の目標
好きなものを英語でたずねたり答えたりできるようになりましょう。

音声

♪a18　教科書 18〜21 ページ

## ① 好きなもののたずね方

言えたらチェック □□□

What's your favorite sport?
あなたの大好きなスポーツは何ですか。

✿「あなたの大好きな〜は何ですか」とたずねるときは、**What's your favorite 〜?** と言います。what's は what is をちぢめた言い方です。

✿「〜」には、**sport**（スポーツ）、**subject**（教科）などの種類を表すことばを入れます。

**声に出して言ってみよう**　□に入ることばを入れかえて言いましょう。

たずね方　**What's your favorite** [sport] **?**

・subject　・color　・animal　・food

**ちょこっとプラス**
your は「あなたの」、my は「わたしの」という意味です。「あなたの〜」とたずねられたら、「わたしの〜」と答えます。

## ② 好きなものの答え方

言えたらチェック □□□

My favorite sport is baseball.
わたしの大好きなスポーツは野球です。

✿①の質問に答えるときは、**My favorite 〜 is ....**（わたしの大好きな〜は…です）と言います。

✿「〜」には **sport**（スポーツ）などの種類、「...」には具体的に好きなものを入れます。

**声に出して言ってみよう**　□に入ることばを入れかえて言いましょう。

答え方　**My favorite** [sport] **is** [baseball]**.**

・subject　・color
・animal　・food

・Japanese　・red
・a panda　・spaghetti

**表現べんり帳**
favorite は「大好きな」という意味です。favorite fruit（大好きなくだもの）、favorite song［ソ(ー)ング］（大好きな歌）などと言うこともできます。

**ステップアップ**　「〜の」という言い方には、your（あなた（たち）の）、my（わたしの）のほかに、our［アウア］（わたしたちの）、his［ヒズ］（彼の）、her［ハー］（彼女の）、their［ゼア］（彼らの、彼女らの、それらの）などがあります。

# 書いて練習のワーク

✪読みながらなぞって、もう１回書きましょう。

What's your favorite sport?

あなたの大好きなスポーツは何ですか。

What's your favorite food?

あなたの大好きな食べものは何ですか。

My favorite sport is baseball.

わたしの大好きなスポーツは野球です。

My favorite food is spaghetti.

わたしの大好きな食べものはスパゲッティです。

My favorite color is red.

わたしの大好きな色はあかです。



英語のトビラ！
英語でにじの色は red、orange、yellow、green、blue、indigo［インディゴウ］（あい色）、violet［ヴァイオレト］（すみれ色）の７色。アメリカでは indigo を除いて６色とすることも多いよ。

Unit 1

# 聞いて練習のワーク

勉強した日　月　日

できた数　/8問中

音声

教科書　18〜21ページ　答え　2ページ

**1** 音声を聞いて、絵の内容と合っていれば○を、合っていなければ×を（　）に書きましょう。

t03

(1)

（　　　）

(2)

（　　　）

(3)

（　　　）

(4)

（　　　）

**2** 音声を聞いて、それぞれの好きな動物を（　）に日本語で書きましょう。

t04

(1)

Mika

（　　　　　　　）

(2)

Ken

（　　　　　　　）

(3)

Satoru

（　　　　　　　）

(4)

Shiori

（　　　　　　　）

# まとめのテスト

勉強した日 月 日

## Unit 1 I'm from Tokyo, Japan. (2)

得点 /50点

時間 20分

教科書 18〜21ページ　答え 2ページ

**1** 日本語の意味になるように英語を［　　］から選んで、＿＿＿に書きましょう。文の最初にくることばは大文字で書きはじめましょう。

1つ10点〔30点〕

(1) あなたの大好きなスポーツは何ですか。

＿＿＿＿＿＿ your favorite sport?

(2) [(1)に答えて] わたしの大好きなスポーツはバスケットボールです。

My favorite sport is ＿＿＿＿＿＿.

(3) [(1)に答えて] わたしの大好きなスポーツはテニスです。

My favorite sport is ＿＿＿＿＿＿.

what's / how / tennis / cake / basketball

**2** 日本語の意味に合うように、(　)の中から正しいほうを選び、◯で囲みましょう。

1つ5点〔20点〕

(1) わたしの大好きな色はあかです。

My favorite color is ( blue / red ).

(2) わたしの大好きな食べものはカレーライスです。

My favorite food is ( spaghetti / curry and rice ).

(3) わたしの大好きな教科は社会科です。

My favorite subject is ( social studies / arts and crafts ).

(4) わたしの大好きな動物はサルです。

My favorite animal is a ( dolphin / monkey ).

聞く 話す 読む 書く

Unit 2

勉強した日　月　日

# Welcome to Japan. ①

# 基本のワーク

**学習の目標**
日本の文化や場所を表す英語を言えるようになりましょう。

音声

教科書　24～33 ページ

## 日本の文化や場所を表すことばを覚えよう！

✪ リズムに合わせて、声に出して言いましょう。　言えたらチェック □□□　a19

□ **festival**　複 festivals
祭り

□ **hot spring**　複 hot springs
温泉（おんせん）

□ **bridge**　複 bridges
橋

□ **mountain**　複 mountains
山

□ **temple**　複 temples
寺

□ **garden**　複 gardens
庭、庭園

□ **shrine**　複 shrines
神社

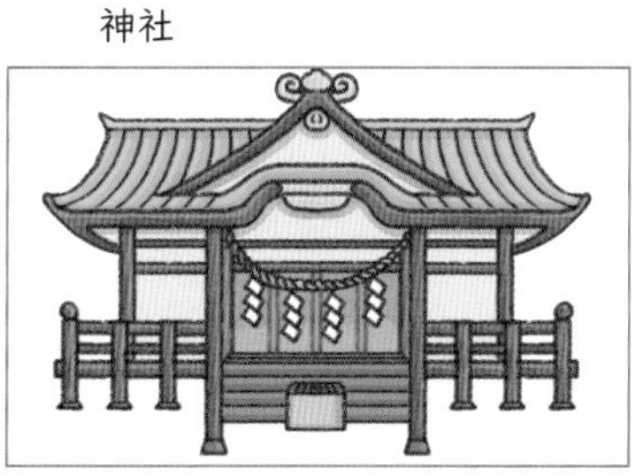

□ **castle**　複 castles
城

□ **tower**　複 towers
塔（とう）、タワー

複…2つ以上のときの形（複数形）

**ワードボックス**　a20

□ noodle(s)　麺（めん）　□ vegetable(s)　野菜　□ seafood　シーフード、魚介（ぎょかい）類
□ green tea　緑茶

**発音コーチ**

noodle、seafood、school の oo はくちびるを丸くつき出して、「ウー」と長く言います。good、cook、book の oo はくちびるを丸くつき出して、のどのおくで「ウ」と短く言います。


英語カード 47 ～ 57 、88 ～ 91 、92 ～ 109

# 書いて練習のワーク

✪ 読みながらなぞって、もう1～2回書きましょう。

festival

祭り

hot spring

温泉

bridge

橋

mountain

山

temple

寺

garden

庭、庭園

shrine

神社

castle

城

tower

塔、タワー



**英語のトビラ！** 富士山は英語で Mt. Fuji と言うよ。Mt.［マウント］は Mount［マウント］（山）の略で、山の名前の前につけるよ。Mt. の M は文の途中でもいつも大文字で書くよ。

Unit 2

# Welcome to Japan. ②

# 基本のワーク

勉強した日 月 日

**学習の目標**
日本で楽しめるものや動作を表す英語を言えるようになりましょう。

音声

教科書 24～33 ページ

## 楽しみや動作を表すことばを覚えよう！

✪ リズムに合わせて、声に出して言いましょう。 言えたらチェック □□□ ♪a21

□ **cherry blossom**
複 cherry blossoms
桜の花

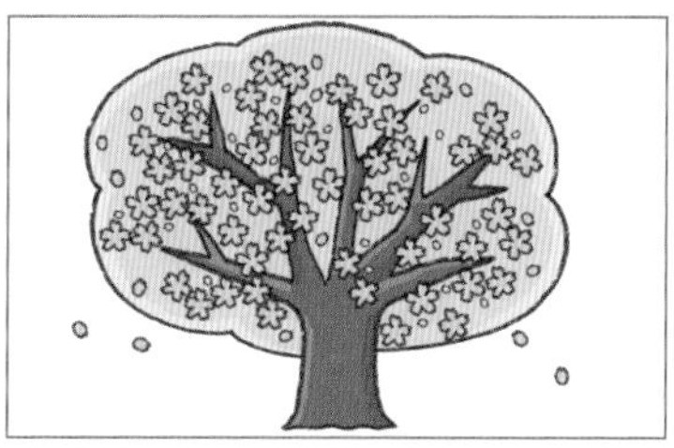

□ **firework**
複 fireworks
花火

□ **colorful leaf**
複 colorful leaves
色彩(しきさい)豊かな葉

□ **illumination**
複 illuminations
イルミネーション

□ **snow**
雪

□ **visit**
訪(おとず)れる

□ **see**
見る

□ **eat**
食べる

□ **enjoy**
楽しむ

□ **drink**
飲む

□ **buy**
買う

□ **make**
作る

複…２つ以上のときの形（複数形）

# 書いて練習のワーク

読みながらなぞって、もう1～2回書きましょう。

cherry blossom

桜の花

firework

花火

colorful leaf

色彩豊かな葉

illumination

イルミネーション

snow　雪

visit　訪れる

see　見る

eat　食べる

enjoy　楽しむ

drink　飲む

buy　買う

make　作る

英語のトビラ　「朝食を食べる」「昼食を食べる」「夕食を食べる」の「食べる」には、eat［イート］のかわりに have［ハヴ］を使うこともあるよ。例えば、eat lunch［ランチ］（昼食を食べる）は have lunch とも言うよ。

聞く
話す
読む
書く

勉強した日　　月　　日

# Welcome to Japan. ③

# 基本のワーク

**学習の目標**
様子や季節を表す英語を言えるようになりましょう。

音声

教科書 24～33 ページ

## 様子や季節を表すことばを覚えよう！

✪ リズムに合わせて、声に出して言いましょう。　言えたらチェック □□□　a22

□ **beautiful**
美しい

□ **fun**
楽しみ

□ **exciting**
わくわくさせる、刺激的な

□ **delicious**
とてもおいしい

□ **relaxing**
ほっとする

□ **spring**
春

□ **summer**
夏

□ **fall**
秋

□ **winter**
冬

### Word ワードボックス　a23

□ healthy　健康的な
□ famous　有名な
□ interesting　おもしろい
□ good　よい、おいしい
□ popular　人気のある
□ big　大きい
□ great　すごい、すばらしい
□ wonderful　すばらしい
□ cute　かわいい

### 発音コーチ

exciting、relaxing、spring の ng は、舌のおくのほうを上あごにつけて「ング」と鼻から声を出します。

# 書いて練習のワーク

✪ 読みながらなぞって、もう１～２回書きましょう。

beautiful

美しい

fun

楽しみ

exciting

わくわくさせる、刺激的な

delicious

とてもおいしい

relaxing

ほっとする

spring

春

summer

夏

fall

秋

winter

冬



英語のトビラ！ 「秋」はアメリカではふつう fall と言い、イギリスではふつう autumn［オータム］と言うよ。

# Welcome to Japan. ④

# 基本のワーク

勉強した日 月 日

**学習の目標**
日本のみりょくを英語でしょうかいできるようになりましょう。

音声

♪ a24　教科書 24〜33ページ

## 1 季節の楽しみをしょうかいする言い方

言えたらチェック

**In spring, you can enjoy cherry blossoms.**
**They are beautiful.**
春に、あなたは桜の花を楽しむことができます。
それらは美しいです。

✿「〜に、あなたは…を楽しむことができます」は **In 〜, you can enjoy ….** と言います。「〜」には季節、「…」には楽しめるものを表すことばが入ります。

✿「それらは美しいです」は **They are beautiful.** と言います。

**声に出して言ってみよう**　□に入ることばを入れかえて言いましょう。

In [spring], you can enjoy [cherry blossoms].
- summer
- fall
- fireworks
- colorful leaves

They are beautiful.

**ちょこっとプラス**
they には「それらは」という意味があり、前に出てきたものをさします。ここでは cherry blossoms をさしています。

## 2 おすすめの地域をしょうかいする言い方

言えたらチェック

**Hokkaido is a good place.**
**You can enjoy seafood.**
**Don't miss it.**
北海道はよい場所です。あなたは魚介類を楽しむことができます。
ぜひ楽しんでください。

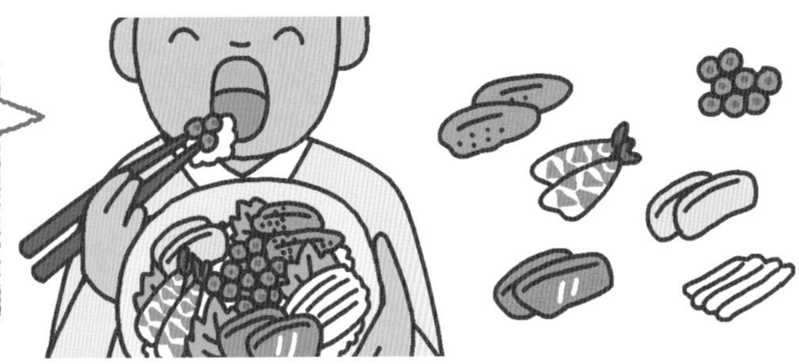

✿「〜はよい場所です」は、**〜 is a good place.** と言います。

✿「ぜひ楽しんでください［それをのがさないでください］」は、**Don't miss it.** と言います。

**声に出して言ってみよう**　□に入ることばを入れかえて言いましょう。

[Hokkaido] is a good place.
- Osaka
- Nara

You can [enjoy seafood].
- see Osaka Castle
- visit Todaiji Temple

Don't miss it.

**表現べんり帳**
miss は「のがす」という意味で、Don't miss it. は1語1語を日本語にすると「それをのがさないでください」ですが、ここでは「ぜひ楽しんでください」という意味で使われています。

**ステップアップ**　can は「〜することができる」という意味です。「〜することができない」と言うときは、cannot［カナット、キャナト］もしくは can't［キャント］と言います。

# 書いて練習のワーク

読みながらなぞって、もう１回書きましょう。

In spring, you can enjoy cherry blossoms.

春に、あなたは桜の花を楽しむことができます。

They are beautiful.

それらは美しいです。

Hokkaido is a good place.

北海道はよい場所です。

You can enjoy seafood.

あなたは魚介類を楽しむことができます。

Don't miss it.

ぜひ楽しんでください。



英語のトビラ！ 英語で「花」はふつう flower［フラウァ］と言うよ。cherry blossoms（桜の花）や apple blossoms（リンゴの花）のように、くだものの木にさく花は、ふつう flower ではなく blossom と言うんだ。

Unit 2

# 聞いて練習のワーク

勉強した日　　月　　日

できた数　　/7問中

音声

教科書　24～33ページ　　答え　3ページ

**1** 音声を聞いて、英語に合う絵をア～エから選び、記号を（　）に書きましょう。　t05

(1)（　　　）　(2)（　　　）　(3)（　　　）　(4)（　　　）

ア

イ

ウ

エ

**2** 音声を聞いて、それぞれのおすすめの地域で何ができるか、線で結びましょう。　t06

(1)　兵庫　•　　　　•

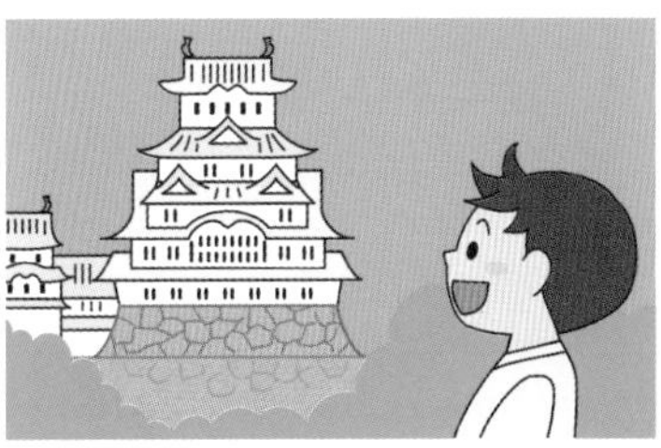

(2)　香川　•　　　　•

(3)　京都　•　　　　•

# まとめのテスト

勉強した日　　月　　日

## Unit 2　Welcome to Japan.

得点　/50点

時間 20分

教科書 24〜33ページ　答え 3ページ

**1** 英語の意味を表す日本語を、[　　]から選んで(　)に書きましょう。　1つ4点〔20点〕

(1) garden　(　　　　　)

(2) shrine　(　　　　　)

(3) mountain　(　　　　　)

(4) tower　(　　　　　)

(5) bridge　(　　　　　)

| | | | | |
|---|---|---|---|---|
| 橋 | 山 | 庭 | 神社 | 塔(とう) |

**2** 日本語の意味を表す英語の文を、[　　]から選んで＿＿に書きましょう。　1つ10点〔30点〕

(1) 東京はよい場所です。

(2) それらは美しいです。

(3) あなたは緑茶を飲むことができます。

They are beautiful. / Tokyo is a good place.
Don't miss it. / You can drink green tea.

聞く　話す　読む　書く

勉強した日　月　日

## We need a big park in our town. ①

# 基本のワーク

学習の目標
建物や場所を表す英語を言えるようになりましょう。

音声

教科書　36～43 ページ

## 建物や場所を表すことばを覚えよう！

リズムに合わせて、声に出して言いましょう。　言えたらチェック □□□　a25

□ **town**　複 towns
町

□ **library**　複 libraries
図書館

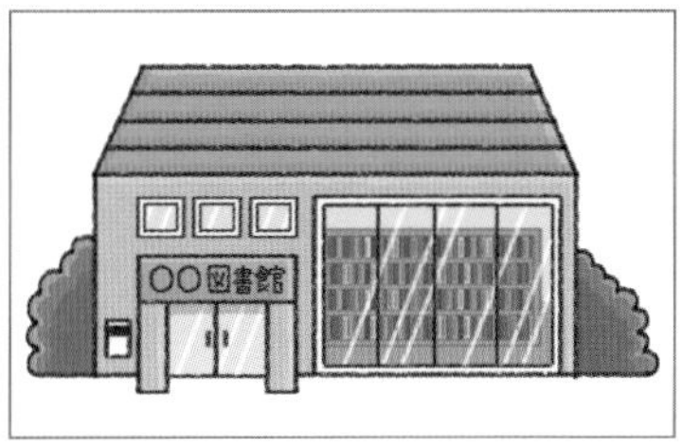


□ **zoo**　複 zoos
動物園

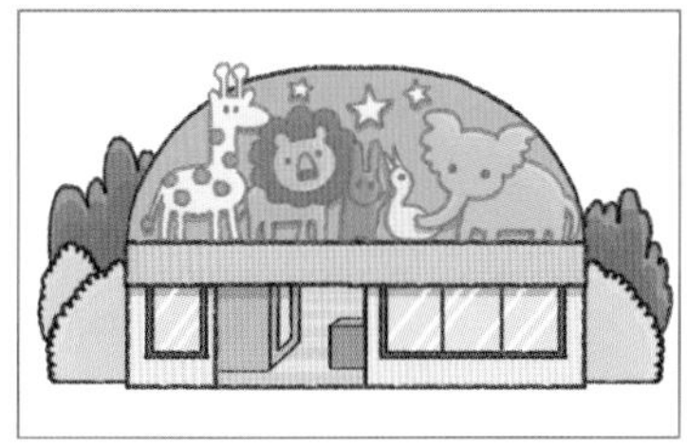

□ **park**　複 parks
公園

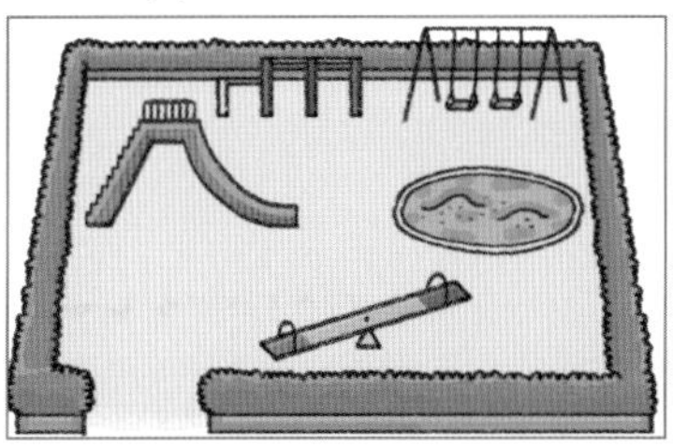

□ **stadium**　複 stadiums
スタジアム

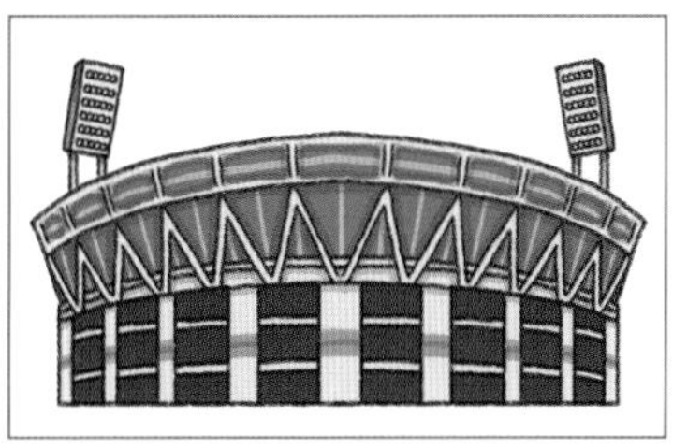

□ **gym**　複 gyms
体育館

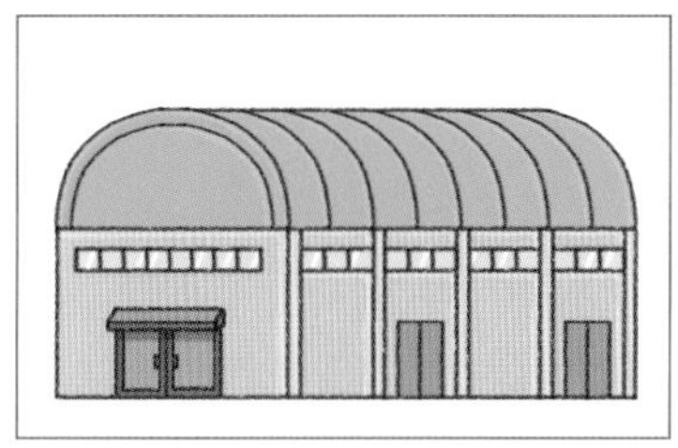

□ **shopping mall**　複 shopping malls
ショッピングモール

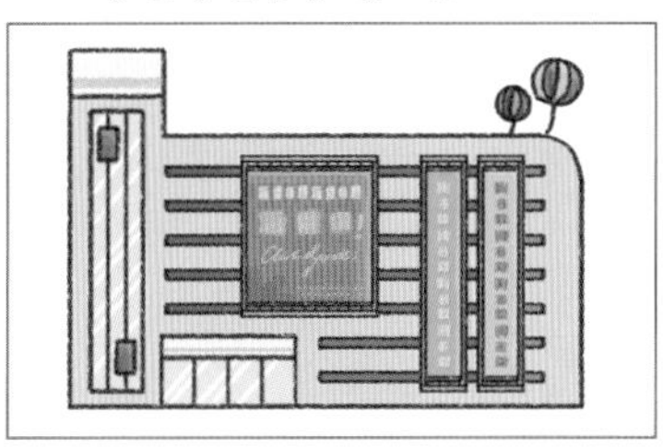

□ **movie theater**　複 movie theaters
映画館（えいが）

□ **swimming pool**　複 swimming pools
水泳プール

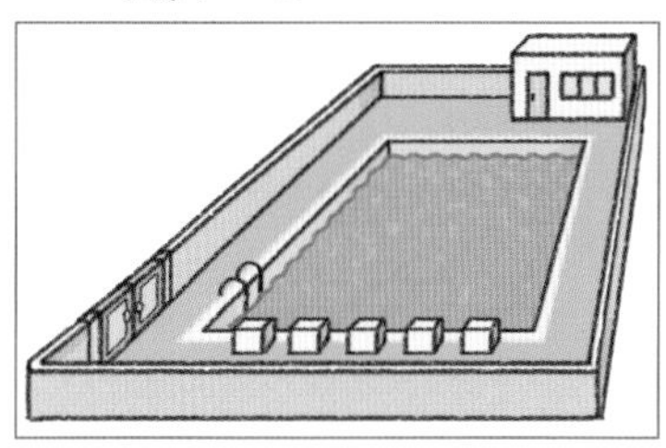

□ **amusement park**　複 amusement parks
遊園地

□ **aquarium**　複 aquariums
水族館

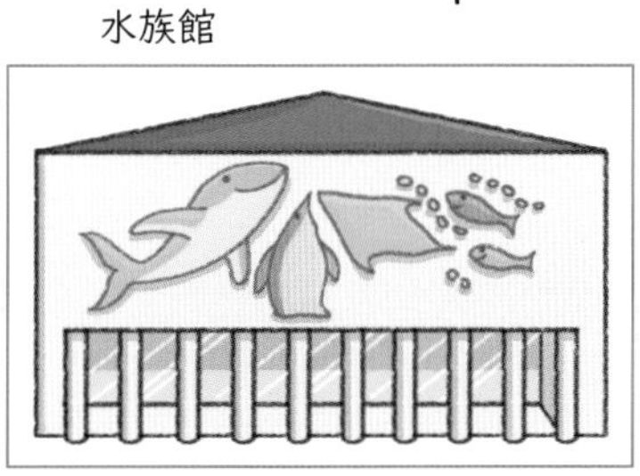

□ **art museum**　複 art museums
美術館

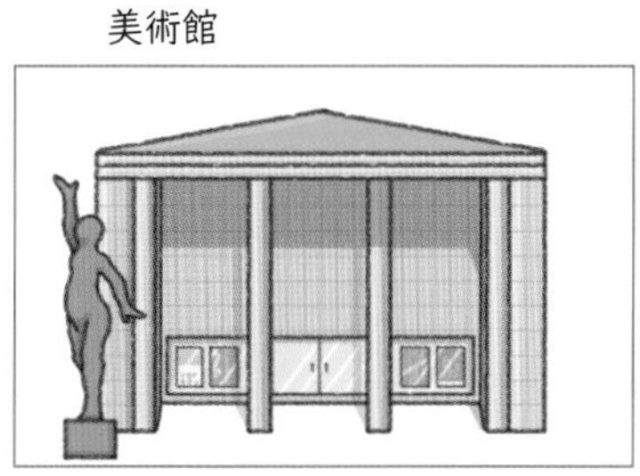

複…２つ以上のときの形（複数形）

# 書いて練習のワーク

✪ 読みながらなぞって、もう１回書きましょう。

town
町

library
図書館

zoo
動物園

park
公園

stadium
スタジアム

gym
体育館

shopping mall
ショッピングモール

movie theater
映画館

swimming pool
水泳プール

amusement park
遊園地

aquarium
水族館

art museum
美術館

英語のトビラ！ shopping mall は、いろいろな専門店や飲食店が集まった大型の商業施設のことだよ。「店」は、英語で shop［シャップ］や store［ストー(ア)］と言うよ。

勉強した日 月 日

# We need a big park in our town. ②

# 基本のワーク

学習の目標
自分の住む地域（ちいき）にあるものを表す英語を言えるようになりましょう。

音声

教科書 36～43ページ

## 地域にあるものを表すことばを覚えよう！

リズムに合わせて、声に出して言いましょう。　言えたらチェック □□□　a26

□ **sidewalk**
複 sidewalks
歩道

□ **campsite**
複 campsites
キャンプ場

□ **ramp**
複 ramps
スロープ

□ **street light**
複 street lights
街灯

□ **skate park**
複 skate parks
スケートボード場

□ **free Wi-Fi**
無料 Wi-Fi

□ **elevator**
複 elevators
エレベーター

□ **bench**
複 benches
ベンチ

□ **bicycle lane**
複 bicycle lanes
自転車用車線

複…２つ以上のときの形（複数形）

## ワードボックス　a27

- □ science museum(s)　科学博物館
- □ hospital(s)　病院
- □ restaurant(s)　レストラン
- □ department store(s)　デパート、百貨店
- □ convenience store(s)　コンビニエンスストア
- □ station(s)　駅

## 発音コーチ

street、free の ee は、日本語の「い」よりも、口を左右に大きく開いてはっきり「イー」と言います。



英語カード 92～109

# 書いて練習のワーク

読みながらなぞって、もう１～２回書きましょう。

sidewalk
歩道

campsite
キャンプ場

ramp
スロープ

street light
街灯

skate park
スケートボード場

free Wi-Fi
無料 Wi-Fi

elevator
エレベーター

bench
ベンチ

bicycle lane
自転車用車線



英語のトビラ！ bicycle lane は bike lane や cycle lane とも言うよ。bike［バイク］も cycle［サイクル］も自転車という意味だよ。話しことばでは、bicycle よりも bike のほうがよく使われるよ。

勉強した日 月 日

# We need a big park in our town. ③

## 基本のワーク

学習の目標・
動作を表す英語を言えるようになりましょう。

音声

教科書 36〜43 ページ

### 動作を表すことばを覚えよう！

✪リズムに合わせて、声に出して言いましょう。 言えたらチェック ♪a28

☐ see many animals
たくさんの動物を見る

☐ see movies
映画を見る

☐ see famous paintings
有名な絵画を見る

☐ read many books
たくさんの本を読む

☐ ride a roller coaster
ジェットコースターに乗る

☐ watch sports
スポーツを見る

☐ play sports
スポーツをする

☐ walk safely
安全に歩く

☐ move easily
楽に移動する

### ワードボックス ♪a29

☐ enjoy our free time (わたしたちの) ひまな時間を楽しむ
☐ enjoy our weekends (わたしたちの) 週末を楽しむ
☐ walk and run around the park 公園の周りを歩いたり走ったりする
☐ ride bicycles safely 安全に自転車に乗る
☐ use trains easily 楽に電車を利用する
☐ study about dinosaurs きょうりゅうについて勉強する
☐ have a barbecue バーベキューをする
☐ have more fun もっと楽しむ
☐ use a wheelchair 車いすを使う
☐ see fish 魚を見る
☐ learn about animals 動物について学ぶ


英語カード 133〜144、145〜156

# 書いて練習のワーク

✪ 読みながらなぞって、書きましょう。

see many animals

たくさんの動物を見る

see movies

映画を見る

see famous paintings

有名な絵画を見る

read many books

たくさんの本を読む

ride a roller coaster

ジェットコースターに乗る

watch sports

スポーツを見る

play sports

スポーツをする

walk safely

安全に歩く

move easily

楽に移動する



英語のトビラ！ 「ジェットコースター」は、英語では roller coaster と言い、このような英語を使って日本人が作ったことばを「和製英語」と言うよ。和製英語は日本語だから、英語としては通用しないよ。

# We need a big park in our town. ④

## 基本のワーク

勉強した日 月 日

**学習の目標**
自分の住む地域（ちいき）を英語でしょうかいできるようになりましょう。

音声 ♪a30 教科書 36〜43ページ

## 1 住む地域にあるものをしょうかいする言い方

言えたらチェック

I like our town.
We have a library.
わたしはわたしたちの町が好きです。
（わたしたちには）図書館があります。

- 「わたしはわたしたちの町が好きです」は、**I like our town.** と言います。
- 「（わたしたちには）〜があります」のように、自分の住む地域（ちいき）にあるものをしょうかいするときは、**We have 〜.** と言います。

**声に出して言ってみよう** ［　］に入ることばを入れかえて言いましょう。

I like our town.
We have ［a library］.

- a gym
- an art museum
- a stadium
- a movie theater

**ちょこっとプラス**
a [an] は「1つの」という意味です。日本語のア・イ・ウ・エ・オに似た音で始まることばの前には an を、それ以外には a をつけます。

## 2 できることをしょうかいする言い方

言えたらチェック

We can read many books.
わたしたちはたくさんの本を読むことができます。

- 「わたしたちは〜することができます」は、**We can 〜.** と言います。
- 「〜」には、動作を表すことばを入れます。

**声に出して言ってみよう** ［　］に入ることばを入れかえて言いましょう。

We can ［read many books］.

- play sports
- see famous paintings
- watch sports
- see movies

**思い出そう**
we は「わたしたちは」、you は「あなた（たち）は」という意味です。「あなた（たち）は〜することができます」は、You can 〜. (Unit 2) と言います。

**ステップアップ**
数えられるものが1つ［1人］のときは、そのことばの前に a や an［アン］をつけます。1つ［1人］でも、人名、国名、地名、スポーツ名などには a や an はつけません。

# 書いて練習のワーク

✪ 読みながらなぞって、もう１回書きましょう。

I like our town.

わたしはわたしたちの町が好きです。

We have a library.

（わたしたちには）図書館があります。

We have a movie theater.

（わたしたちには）映画館（えいが）があります。

We can read many books.

わたしたちはたくさんの本を読むことができます。

We can see movies.

わたしたちは映画を見ることができます。

英語のトビラ！ 「映画を見る」は see movies[a movie]、または watch movies[a movie] と言うよ。映画館で見るときは see、テレビや DVD で見るときは watch を使うよ。

勉強した日　月　日

# We need a big park in our town. ⑤

## 基本のワーク

学習の目標
地域に必要なものをたずねたり説明したりできるようになりましょう。

音声　♪a31　教科書 36〜43ページ

## 1 地域に必要なもののたずね方

言えたらチェック

**What do we need in our town?**
(わたしたちは)わたしたちの町に何が必要ですか。

✿「(わたしたちは)わたしたちの町に何が必要ですか」とたずねるときは、**What do we need in our town?** と言います。

**声に出して言ってみよう** 次の英語を言いましょう。

たずね方 **What do we need in our town?**

**思い出そう**
〈in＋場所〉で「〜で[に]」と場所を表します。in our town は「わたしたちの町に」という意味です。

## 2 地域に必要なものの答え方

言えたらチェック

**We need sidewalks. We can walk safely.**
(わたしたちは)歩道が必要です。(わたしたちは)安全に歩くことができます。

✿❶の質問に答えるときは、**We need 〜.**(わたしたちは〜が必要です)と言います。「〜」には必要なものを入れます。

**声に出して言ってみよう** □に入ることばを入れかえて言いましょう。

答え方 **We need** [sidewalks].
**We can** [walk safely].

- elevators
- bicycle lanes
- a campsite

- move easily
- ride bicycles safely
- have a barbecue

**ちょこっとプラス**
elevator は[エレヴェイタァ]と、最初の e を強く読みます。英語と日本語では強く読む位置がちがうので注意しましょう。

**ステップアップ**
「わたしたちはもっと多くの〜が必要です」は We need more 〜. と言います。more[モー(ァ)]は「もっと多くの」という意味です。例 We need more sidewalks.(わたしたちはもっと多くの歩道が必要です)

# 書いて練習のワーク

✪ 読みながらなぞって、もう１回書きましょう。

What do we need in our town?

（わたしたちは）わたしたちの町に何が必要ですか。

We need sidewalks.

わたしたちは歩道が必要です。

We need elevators.

わたしたちはエレベーターが必要です。

We can walk safely.

わたしたちは安全に歩くことができます。

We can move easily.

わたしたちは楽に移動することができます。

英語のトビラ！ アメリカやイギリスでは、エレベーターに乗るときは、自分よりも年上の人や女の人に先に乗ってもらうことが礼儀とされているよ。

# 聞いて練習のワーク

教科書 36〜43ページ　答え 4ページ

勉強した日　月　日

できた数　/8問中

音声

**1** 音声を聞いて、英語に合う絵をア〜エから選び、記号を（　）に書きましょう。 t07

(1)（　　　）　(2)（　　　）　(3)（　　　）　(4)（　　　）

ア

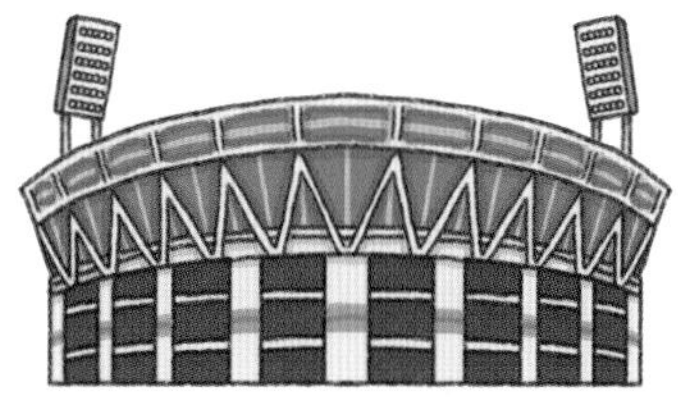
イ

ウ

エ

**2** 音声を聞いて、それぞれの町に必要なものを日本語で書いて表を完成させましょう。 t08

| | 名前 | 町に必要なもの |
|---|---|---|
| (1) | Hana | （　　　　） |
| (2) | Masaki | （　　　　） |
| (3) | Sarah | （　　　　） |
| (4) | Luke | （　　　　） |

# まとめのテスト

## Unit 3　We need a big park in our town.

得点　/50点

時間 20分

教科書 36〜43ページ　答え 4ページ

**1** 日本語の意味に合うように、(　)の中から正しいほうを選び、□で囲みましょう。

1つ5点〔20点〕

(1) (わたしたちには) 図書館があります。

We ( have / need ) a library.

(2) わたしたちはスポーツを見ることができます。

We can ( play / watch ) sports.

(3) わたしはわたしたちの町が好きです。

I ( have / like ) our town.

(4) わたしたちは楽に移動することができます。

We can ( move easily / walk safely ).

**2** 日本語の意味を表す英語の文を、□から選んで＿＿に書きましょう。　1つ10点〔30点〕

(1) (わたしたちは) わたしたちの町に何が必要ですか。

＿＿＿＿＿＿＿＿＿＿＿＿＿＿＿＿

(2) わたしたちはジェットコースターに乗ることができます。

＿＿＿＿＿＿＿＿＿＿＿＿＿＿＿＿

(3) わたしたちは有名な絵画(かいが)を見ることができます。

＿＿＿＿＿＿＿＿＿＿＿＿＿＿＿＿

We can see famous paintings.
We can ride a roller coaster.
What's your favorite animal?
What do we need in our town?

勉強した日　月　日

# I went to the zoo. ①

# 基本のワーク

学習の目標

went to と saw に続けて英語を言えるようになりましょう。

音声

教科書 50〜53 ページ

## 行った場所や見たものを表すことばを覚えよう！

リズムに合わせて、声に出して言いましょう。　言えたらチェック　a32

□ **mountain**　複 mountains
山

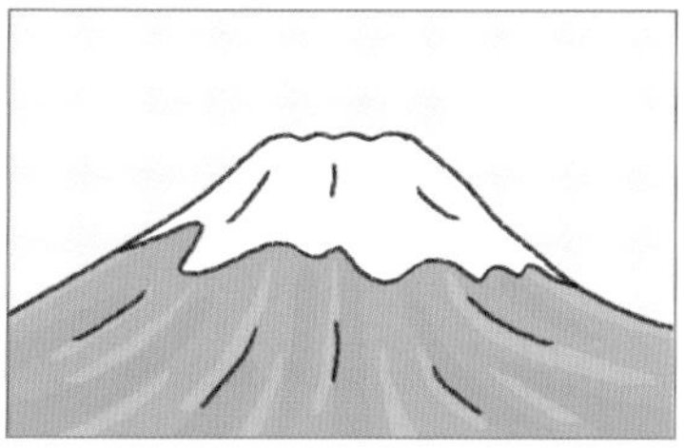

□ **beach**　複 beaches
海辺

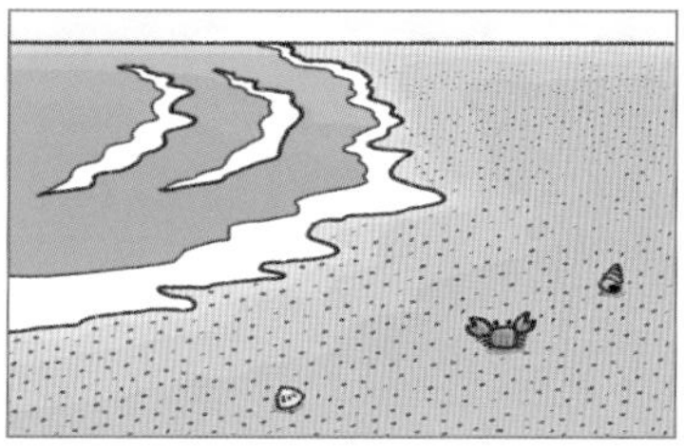

□ **lake**　複 lakes
湖

□ **river**　複 rivers
川

□ **my grandparents' house**　複 my grandparents' houses
（わたしの）祖父母の家

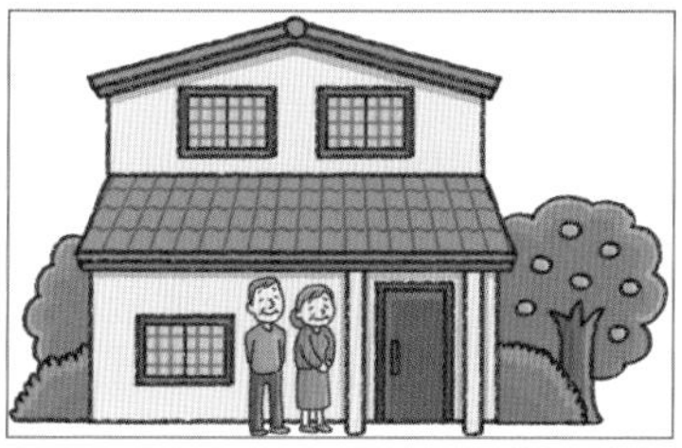

□ **stadium**　複 stadiums
スタジアム

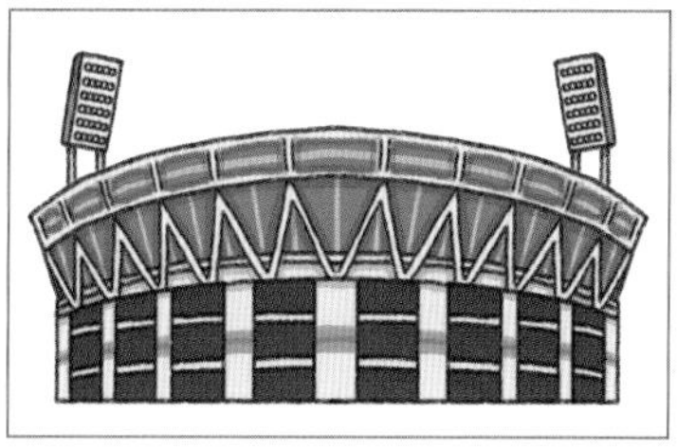

□ **park**　複 parks
公園

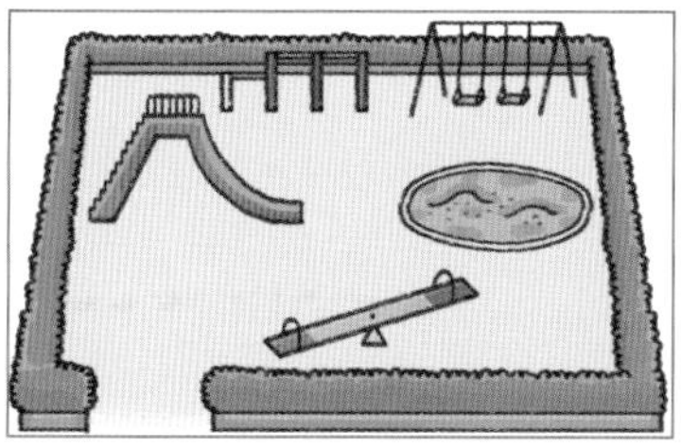

□ **aquarium**　複 aquariums
水族館

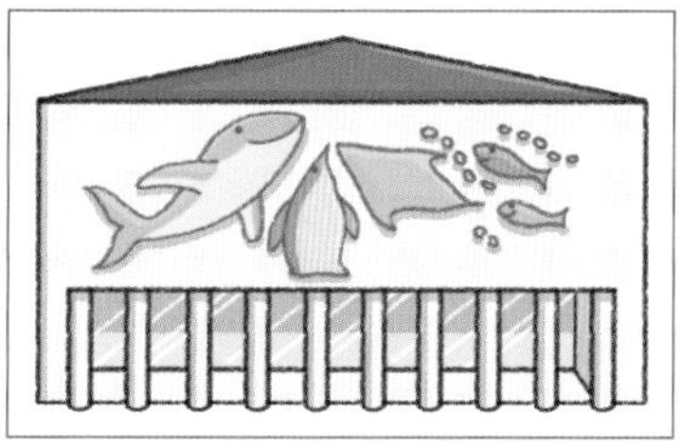

□ **rainbow**　複 rainbows
にじ

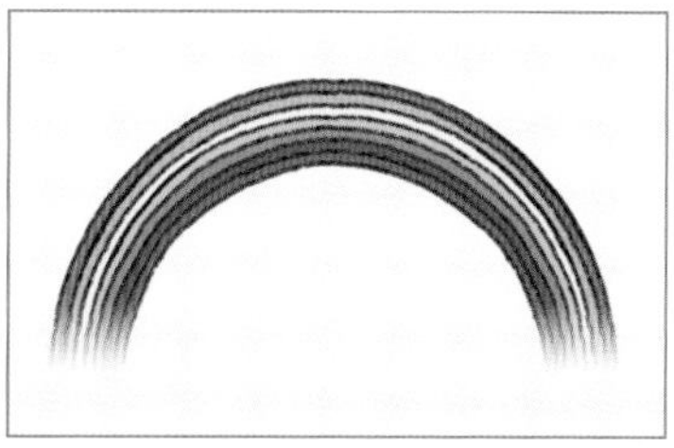

□ **firework**　複 fireworks
花火

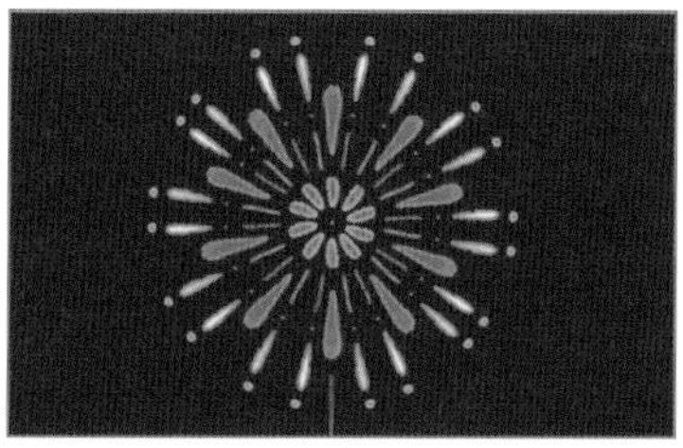

□ **beetle**　複 beetles
カブトムシ

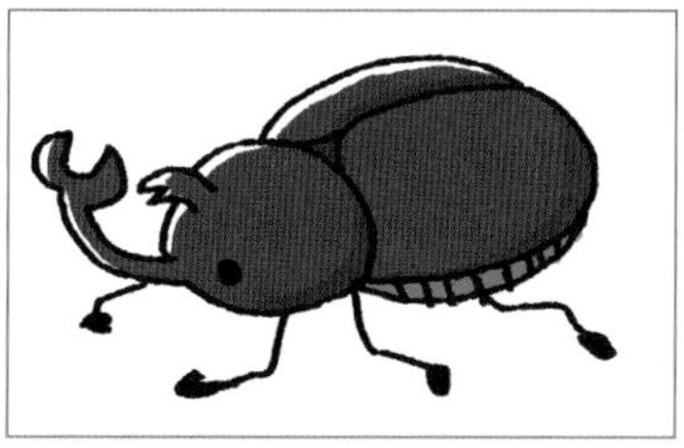

□ **animal**　複 animals
動物

複…2つ以上のときの形（複数形）

勉強した日　月　日

# 書いて練習のワーク

✪ 読みながらなぞって、もう１～２回書きましょう。

mountain

山

my grandparents' house

（わたしの）祖父母の家

stadium

スタジアム

aquarium

水族館

rainbow

にじ

firework

花火

beach

海辺

lake

湖

river

川

park

公園

beetle

カブトムシ

animal

動物

聞く 話す 読む 書く

英語のトビラ！ 英語で「野球場」は ballpark［ボールパーク］または baseball stadium［ベイスボール ステイディアム］と言うよ。

勉強した日 月 日

# I went to the zoo. ②

# 基本のワーク

学習の目標
enjoyed と ate に続けて英語を言えるようになりましょう。

音声

教科書 50〜53 ページ

## したことや食べたものを表すことばを覚えよう！

リズムに合わせて、声に出して言いましょう。 言えたらチェック ♪a33

☐ fishing
つり

☐ hiking
ハイキング

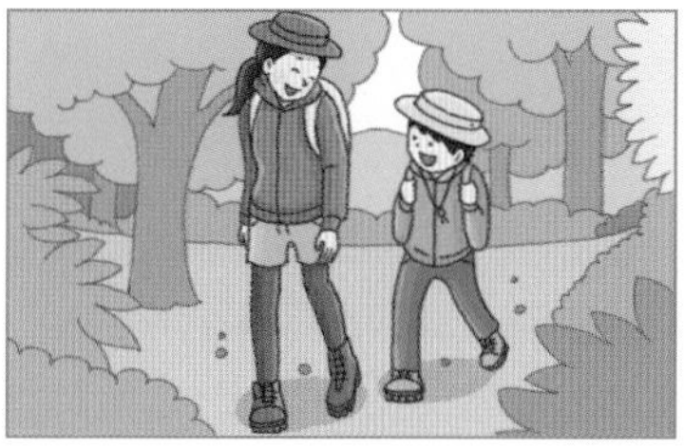

☐ swimming
水泳

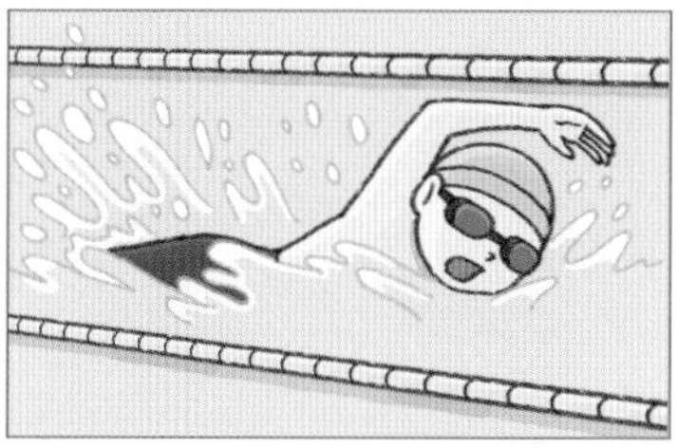

☐ camping
キャンプ

☐ shaved ice
かき氷

☐ watermelon
複 watermelons
スイカ

☐ curry and rice
カレーライス

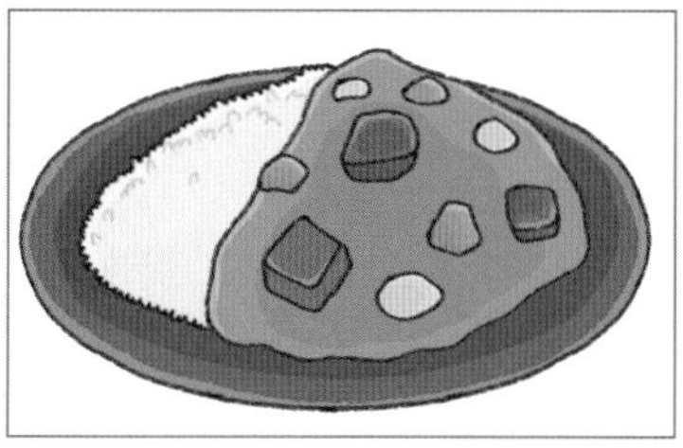

☐ grilled fish
焼き魚

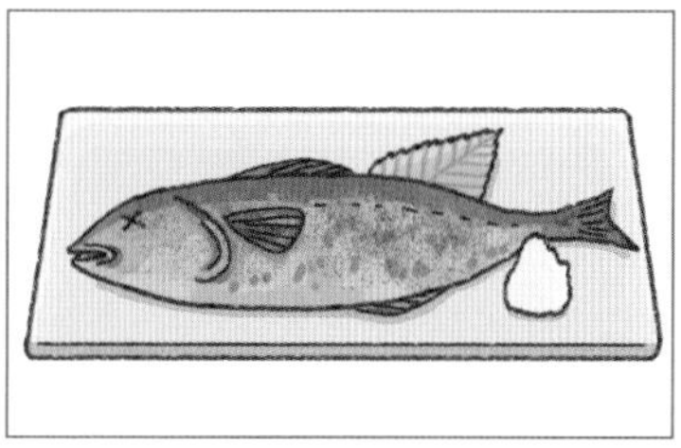

☐ vegetable
複 vegetables
野菜

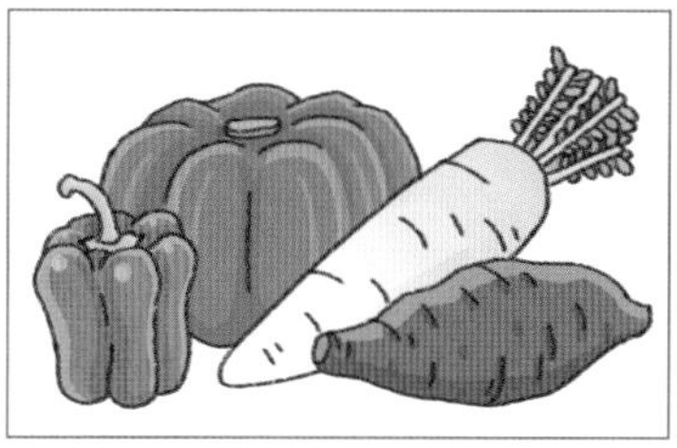

複…２つ以上のときの形（複数形）

## Word ワードボックス

♪a34

☐ went to　〜へ行った　現 go to
☐ enjoyed　楽しんだ　現 enjoy
☐ fun　楽しみ
☐ saw　見た　現 see
☐ ate　食べた　現 eat
☐ exciting　わくわくさせる、刺激(しげき)的な
☐ good　よい、おいしい
☐ great　すごい、すばらしい
☐ wonderful　すばらしい
☐ interesting　おもしろい
☐ delicious　とてもおいしい
☐ cute　かわいい

現…現在のことを言うときの形（現在形）



英語カード 27〜31、32〜46、129〜132

勉強した日　　月　　日

# 書いて練習のワーク

読みながらなぞって、もう１～２回書きましょう。

fishing

つり

hiking

ハイキング

swimming

水泳

camping

キャンプ

shaved ice

かき氷

watermelon

スイカ

curry and rice

カレーライス

grilled fish

焼き魚

vegetable

野菜



英語のトビラ！ fishing、hiking、swimming、camping は、go fishing（つりに行く）、go hiking（ハイキングに行く）、go swimming（泳ぎに行く）、go camping（キャンプに行く）のように go に続けて言うことができるよ。

# I went to the zoo. ③

勉強した日 月 日

## 基本のワーク

学習の目標
夏休みの思い出を英語でたずねたり答えたりできるようになりましょう。

音声

♪ a35 教科書 50〜53ページ

## 1 夏休みの思い出のたずね方と答え方

言えたらチェック

How was your summer vacation?
あなたの夏休みはどうでしたか。
It was great.
(それは) すばらしかったです。

* 「あなたの夏休みはどうでしたか」は、How was your summer vacation? と言います。
* 答えるときは、It was ～.(それは～でした) と言います。「～」には感想を表すことばを入れます。

**声に出して言ってみよう** [ ]に入ることばを入れかえて言いましょう。

たずね方 How was your summer vacation?

答え方 It was [great].  ← ・fun ・good ・exciting

**ちょこっとプラス**
is が「～です」と現在のことを言うのに対して、was は「～でした」と過去のことを言うときに使います。

## 2 楽しかったことを伝える言い方

言えたらチェック

I enjoyed camping.
わたしはキャンプを楽しみました。

* 「わたしはキャンプを楽しみました」は、I enjoyed camping. と言います。
* 「～しました」は、I enjoyed[went to, saw, ate] ～. のように過去の動作を表すことばを使います。

**声に出して言ってみよう** [ ]に入ることばを入れかえて言いましょう。

I [enjoyed camping].

↑ ・went to the aquarium ・saw fireworks ・ate watermelon

**ちょこっとプラス**
went to、saw、ate、enjoyed は、過去にしたことを話すときに使います。

ステップアップ 「夏休み」は summer vacation と言います。「春休み」は spring vacation、「冬休み」は winter vacation です。

# 書いて練習のワーク

✪ 読みながらなぞって、もう１回書きましょう。

How was your summer vacation?

あなたの夏休みはどうでしたか。

It was great.

それはすばらしかったです。

It was fun.

それは楽しかったです。

I enjoyed camping.

わたしはキャンプを楽しみました。

I ate watermelon.

わたしはスイカを食べました。



英語のトビラ！ アメリカの学校では、新学年はふつう９月に始まり、次の年の５月に終わるよ。夏休みが約３か月もあるんだ。

勉強した日　　月　　日

Unit 4

# 聞いて練習のワーク

できた数　　/8問中

音声

教科書 50～53ページ　答え 5ページ

**1** 音声を聞いて、絵の内容と合っていれば○を、合っていなければ×を（　）に書きましょう。

t09

(1)

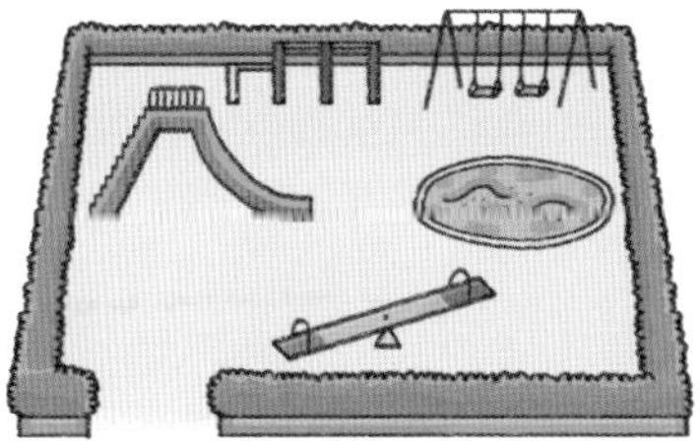

（　　　）

(2)

（　　　）

(3)

（　　　）

(4)

（　　　）

**2** 音声を聞いて、それぞれがどんなことをしたか、線で結びましょう。

t10

(1)

Jun

(2)

Emma

(3)

Yuki

(4)

Hayato

# まとめのテスト

勉強した日　月　日

## Unit 4　I went to the zoo. (1)

得点　/50点

時間 20分

教科書 50～53ページ　答え 5ページ

**1** 英語の意味を表す日本語を、[　　]から選んで(　)に書きましょう。　1つ5点〔20点〕

(1) cute　(　　　　　　)

(2) interesting　(　　　　　　)

(3) good　(　　　　　　)

(4) delicious　(　　　　　　)

| とてもおいしい　よい　おもしろい　かわいい　刺激(しげき)的な |
|---|

**2** 日本語の意味を表す英語の文を、[　　]から選んで＿＿に書きましょう。　1つ10点〔30点〕

(1) あなたの夏休みはどうでしたか。

＿＿＿＿＿＿＿＿＿＿＿＿＿＿＿＿

(2) [(1)に答えて]（それは）すばらしかったです。

＿＿＿＿＿＿＿＿＿＿＿＿＿＿＿＿

(3) わたしはにじを見ました。

＿＿＿＿＿＿＿＿＿＿＿＿＿＿＿＿

| I saw a rainbow.<br>I ate grilled fish.<br>How was your summer vacation?<br>It was wonderful. |
|---|

聞く　話す　読む　書く

勉強した日 月 日

# I went to the zoo. ④

# 基本のワーク

学習の目標

played、made、watched、bought、read に続けて英語を言えるようになりましょう。

音声

教科書 50〜57 ページ

## したことを言うときに使うことばを覚えよう！

✪ リズムに合わせて、声に出して言いましょう。　言えたらチェック　♪a36

☐ **soccer**
サッカー

☐ **piano**　複 pianos
ピアノ

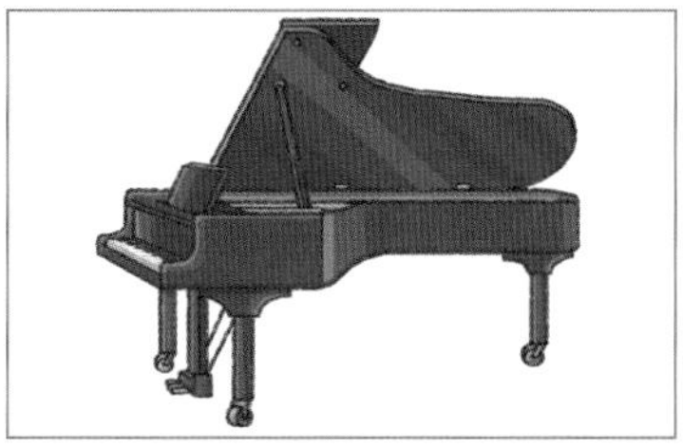

☐ **dinner**
夕食

☐ **vegetable pizza**　複 vegetable pizzas
野菜のピザ

☐ **baseball game**　複 baseball games
野球の試合

☐ **movie**　複 movies
映画（えいが）

☐ **some vegetables**
いくつかの野菜

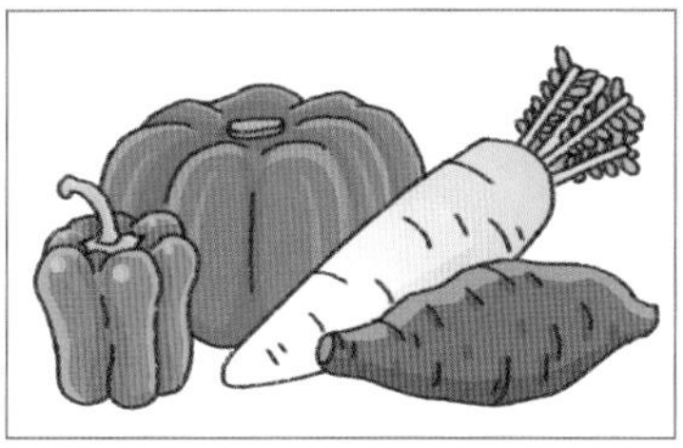

☐ **shoes**
くつ

☐ **book**　複 books
本

複…２つ以上のときの形（複数形）

### Word ワードボックス　♪a37

☐ badminton　バドミントン
☐ model ship(s)　模型船（もけいせん）
☐ cake(s)　ケーキ
☐ dolphin show(s)　イルカショー
☐ tennis　テニス
☐ curry and rice　カレーライス
☐ soccer game(s)　サッカーの試合
☐ many *manga*　たくさんのまんが


英語カード 15 〜 26 、32 〜 46

# 書いて練習のワーク

読みながらなぞって、もう1回書きましょう。

vegetable pizza

野菜のピザ

baseball game

野球の試合

some vegetables

いくつかの野菜

soccer

サッカー

piano

ピアノ

dinner

夕食

movie

映画

shoes

くつ

book

本



英語のトビラ！「くつ」はふつう左右1組で使うから shoes と複数形にするよ。片方(かたほう)だけのときは a shoe と言うよ。

勉強した日　月　日

## I went to the zoo. ⑤

# 基本のワーク

学習の目標
曜日を表す英語を言えるようになりましょう。

音声

教科書 50〜57 ページ

## 曜日を表すことばを覚えよう！

✪ リズムに合わせて、声に出して言いましょう。　言えたらチェック　♪a38

□ **Sunday**　複 Sundays
日曜日

□ **Monday**　複 Mondays
月曜日

□ **Tuesday**　複 Tuesdays
火曜日

□ **Wednesday**　複 Wednesdays
水曜日

□ **Thursday**　複 Thursdays
木曜日

□ **Friday**　複 Fridays
金曜日

□ **Saturday**　複 Saturdays
土曜日

□ **yesterday**
きのう

□ **weekend**　複 weekends
週末

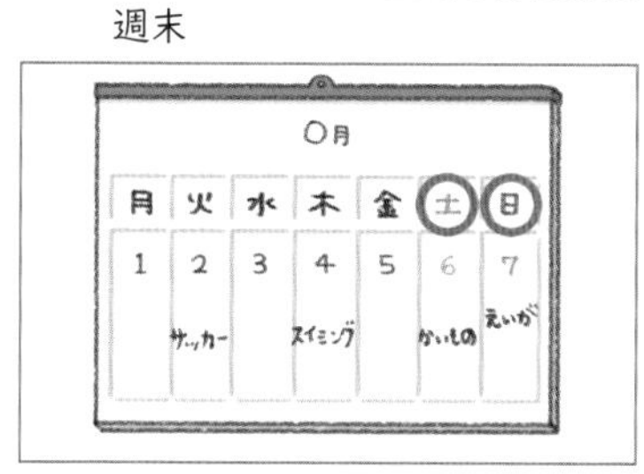


複…２つ以上のときの形（複数形）

### ワードボックス　♪a39

- □ **played**　（スポーツを）した、（楽器を）演奏（えんそう）した　現 play
- □ **watched**　見た　現 watch
- □ **read**　読んだ　現 read
- □ **made**　作った　現 make
- □ **bought**　買った　現 buy
- □ **stayed home**　家にいた　現 stay home

現…現在のことを言うときの形（現在形）

# 書いて練習のワーク

✪ 読みながらなぞって、もう1～2回書きましょう。

Sunday

日曜日

Monday

月曜日

Tuesday

火曜日

Wednesday

水曜日

Thursday

木曜日

Friday

金曜日

Saturday

土曜日

yesterday

きのう

weekend

週末

英語のトビラ！ 曜日を表すことばは、文の途中でも大文字で書き始めるよ。アメリカでは週の始まりを日曜日とすることが多いんだ。

# I went to the zoo. ⑥

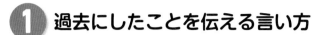

# 基本のワーク

学習の目標
過去にしたことを英語でたずねたり答えたりできるようになりましょう。

音声

♪a40 教科書 50〜57 ページ

## 1 過去にしたことを伝える言い方

言えたらチェック

I played tennis yesterday.
きのう、わたしはテニスをしました。

✿「わたしはテニスをしました」は、I played tennis. と言います。

✿ yesterday（きのう）のような「時」を表すことばは、文の終わりに入れます。

**声に出して言ってみよう** □に入ることばを入れかえて言いましょう。

I [played tennis] [yesterday].

- on Sunday
- last weekend

- played the piano
- bought many *manga*

**ちょこっとプラス**
on Sunday は「日曜日に」、last weekend は「先週末に」という意味です。「〜曜日に」は〈on＋曜日〉で表します。

## 2 過去にしたことのたずね方と答え方

言えたらチェック

What did you do yesterday?
きのう、あなたは何をしましたか。
I watched a movie. It was fun.
わたしは映画を見ました。それは楽しかったです。

✿「あなたは何をしましたか」は、What did you do? と言います。

✿答えるときは、I watched[played] 〜.（わたしは〜を見ました[しました]）のように、過去の動作を表すことばを使います。

**声に出して言ってみよう** □に入ることばを入れかえて言いましょう。

たずね方 What did you do [yesterday]?

- last weekend

答え方 I [watched a movie].

- made dinner

It was fun.

**ちょこっとプラス**
Did you 〜? は、「〜しましたか」と過去のことをたずねるときに使います。例えば Did you play tennis?（あなたはテニスをしましたか）などと言うことができます。

**ステップアップ**
see（見る）と saw（見た）のように、現在と過去の動作を表すことばはセットで覚えましょう。
go to/went to、enjoy/enjoyed、eat/ate、play/played、make/made、watch/watched、buy/bought

# 書いて練習のワーク

✪ 読みながらなぞって、もう１回書きましょう。

I played tennis yesterday.

きのう、わたしはテニスをしました。

What did you do yesterday?

きのう、あなたは何をしましたか。

I watched a movie.

わたしは映画を見ました。

I bought many manga.

わたしはたくさんのまんがを買いました。

I made dinner.

わたしは夕食を作りました。

It was fun.

それは楽しかったです。



英語のトビラ！ 食事を表す英語には、dinner（夕食）のほかに、breakfast［ブレクファスト］（朝食）や、lunch［ランチ］（昼食）などがあるよ。

Unit 4

# 聞いて練習のワーク

教科書　50～57ページ　答え　6ページ

できた数　/8問中

音声

**1** 音声を聞いて、絵の内容と合っていれば○を、合っていなければ×を（　）に書きましょう。

t11

(1)

（　　　）

(2)

（　　　）

(3)

（　　　）

(4)

（　　　）

**2** 音声を聞いて、それぞれがきのうしたことを日本語で書いて表を完成させましょう。

t12

| | 名前 | きのうしたこと |
|---|---|---|
| (1) | Mika | （　　　） |
| (2) | Ken | （　　　） |
| (3) | Shiori | （　　　） |
| (4) | Satoru | （　　　） |

# まとめのテスト

勉強した日　月　日

## Unit 4　I went to the zoo. (2)

得点　/50点

時間 20分

教科書 50〜57ページ　答え 6ページ

**1** 日本語の意味に合うように、（　）の中から正しいほうを選び、▭で囲みましょう。

1つ5点〔20点〕

(1) わたしはピアノをひきました。

I ( watched / played ) the piano.

(2) わたしはいくつかの野菜を買いました。

I ( made / bought ) some vegetables.

(3) わたしはたくさんのまんがを読みました。

I ( read / saw ) many *manga*.

(4) わたしは金曜日にテニスをしました。

I played tennis on ( Friday / Monday ).

**2** 日本語の意味を表す英語の文を、┆　┆から選んで ═ に書きましょう。　1つ10点〔30点〕

(1) 先週末、あなたは何をしましたか。

______________________________

(2) [(1)に答えて]　わたしはイルカショーを見ました。

______________________________

(3) わたしは模型船(もけいせん)を作りました。

______________________________

I made a model ship.
I watched a dolphin show.
What did you do last weekend?
How was your summer vacation?

聞く　話す　読む　書く

勉強した日　　月　　日

## This is my hero. ①

# 基本のワーク

**学習の目標**
身近な人を表すことばを英語で言えるようになりましょう。

音声

教科書 60～67 ページ

## 身近な人を表すことばを覚えよう！

✪ リズムに合わせて、声に出して言いましょう。　言えたらチェック □□□　♪ a41

□ **mother**　複 mothers
母親

□ **father**　複 fathers
父親

□ **sister**　複 sisters
姉、妹

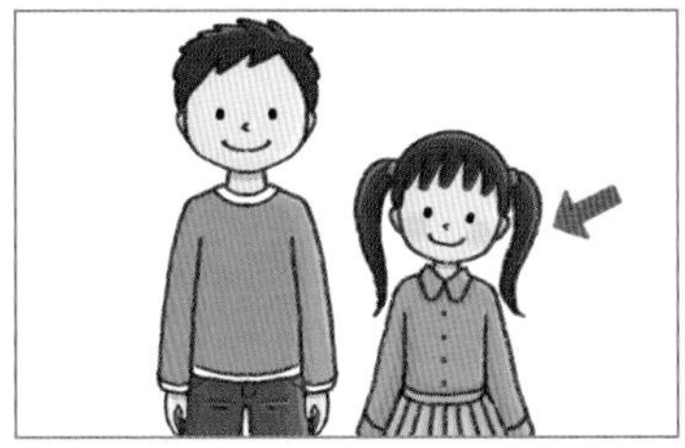

□ **brother**　複 brothers
兄、弟

□ **grandmother**　複 grandmothers
祖母

□ **grandfather**　複 grandfathers
祖父

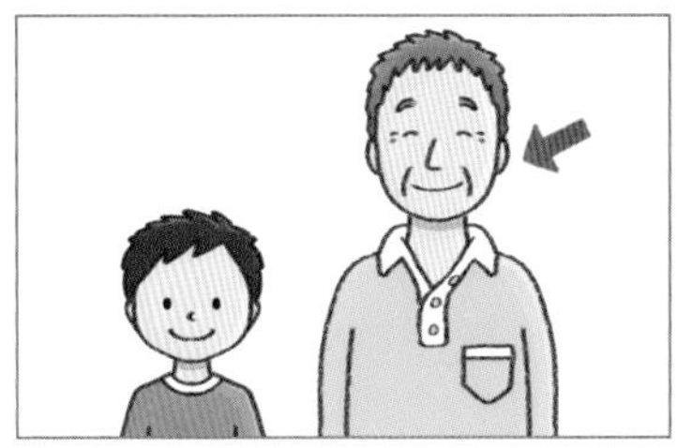

□ **grandparents**
祖父母

□ **aunt**　複 aunts
おば

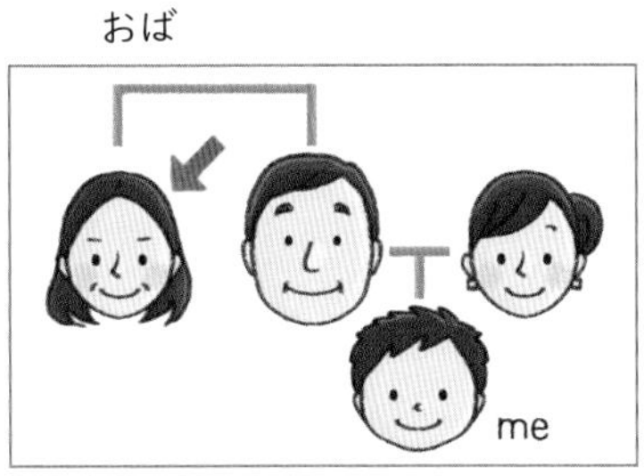


□ **uncle**　複 uncles
おじ

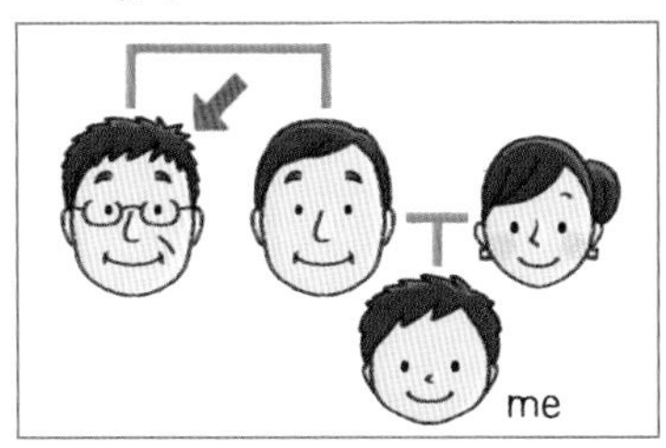


□ **cousin**　複 cousins
いとこ

□ **friend**　複 friends
友だち

□ **classmate**　複 classmates
クラスメート

複…２人以上のときの形（複数形）

# 書いて練習のワーク

読みながらなぞって、もう１～２回書きましょう。

mother
母親

father
父親

sister
姉、妹

brother
兄、弟

grandmother
祖母

grandfather
祖父

grandparents
祖父母

classmate
クラスメート

aunt
おば

uncle
おじ

cousin
いとこ

friend
友だち



英語のトビラ！ brother や sister は、日本語の「兄」「弟」、「姉」「妹」のような区別をしないで使うよ。区別するときは、「兄」「姉」の場合は前に older［オウルダァ］（年上の）、「弟」「妹」の場合は前に younger［ヤンガァ］（年下の）をつけるよ。

勉強した日　月　日

# This is my hero. ②

# 基本のワーク

学習の目標　人のとくちょうを表す英語を言えるようになりましょう。

音声

教科書　60〜67 ページ

## 人のとくちょうを表すことばを覚えよう！

リズムに合わせて、声に出して言いましょう。　言えたらチェック　a42

□ smart
かしこい

□ kind
親切な

□ creative
創造的な

□ famous
有名な

□ funny
おもしろい

□ gentle
優しい

□ popular
人気のある

□ cool
かっこいい

□ strong
強い

□ great
すばらしい、偉大な

□ cute
かわいい

□ friendly
親しみやすい

勉強した日　月　日

# 書いて練習のワーク

読みながらなぞって、もう1～2回書きましょう。

creative
創造的な

famous
有名な

funny
おもしろい

gentle
優しい

popular
人気のある

strong
強い

great
すばらしい、偉大な

friendly
親しみやすい

smart
かしこい

kind
親切な

cool
かっこいい

cute
かわいい

英語のトビラ

pop music（ポップミュージック）の pop［パップ］は popular（大衆向けの）をちぢめた言い方だよ。正式には、popular music（ポピュラーミュージック）と言うよ。

聞く 話す 読む 書く

勉強した日　月　日

## This is my hero. ③

# 基本のワーク

**学習の目標**
過去にしたことを表すことばを英語で言えるようになりましょう。

音声

教科書　60〜67 ページ

### 過去にしたことを表すことばを覚えよう！

リズムに合わせて、声に出して言いましょう。　言えたらチェック □□□　a43

□ **saved many people**
たくさんの人々を救った

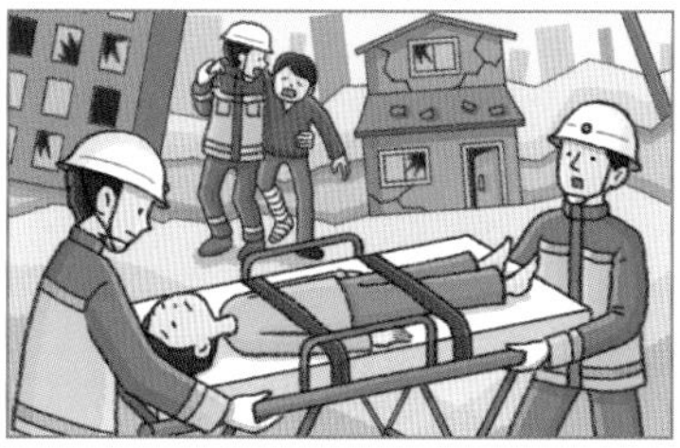

□ **wrote many books**
たくさんの本を書いた

□ **made beautiful dresses**
美しいドレスを作った

□ **created popular movies**
人気のある映画(えいが)を作った

□ **won the Nobel Prize**
ノーベル賞を取った

□ **created many songs**
たくさんの歌を作った

□ **got a gold medal**
金メダルを取った

□ **made many records**
たくさんの記録を作った

□ **performed in TV dramas**
テレビドラマで演じた

### Word ワードボックス　a44

□ hero　英雄(えいゆう)、ヒーロー
□ actor　俳優(はいゆう)
□ doctor　医師
□ nurse　看護(かんご)師
□ writer　作家
□ scientist　科学者
□ musician　ミュージシャン、音楽家
□ teacher　教師
□ voice actor　声優(せいゆう)
□ movie director　映画監督(かんとく)
□ comic writer　まんが家
□ dolphin trainer　イルカ調教師
□ fashion designer　ファッションデザイナー
□ soccer player　サッカー選手
□ baseball player　野球選手
□ wheelchair tennis player　車いすテニス選手

# 書いて練習のワーク

読みながらなぞって、書きましょう。

saved many people

たくさんの人々を救った

wrote many books

たくさんの本を書いた

made beautiful dresses

美しいドレスを作った

created popular movies

人気のある映画を作った

won the Nobel Prize

ノーベル賞を取った

created many songs

たくさんの歌を作った

got a gold medal

金メダルを取った

made many records

たくさんの記録を作った

performed in TV dramas

テレビドラマで演じた



英語のトビラ！ created も made も「作った」という意味だけど、created には「新しいものや独創的なものを作った」というニュアンスがふくまれるよ。

# This is my hero. ④

# 基本のワーク

学習の目標
身近な人のしょうかいを英語でできるようになりましょう。

音声

♪a45 教科書 60～67 ページ

## 1 職業やとくちょうの言い方

言えたらチェック

This is my mother.
She's a teacher.
She's smart.
こちらはわたしの母親です。
彼女(かのじょ)は教師です。
彼女はかしこいです。

✿「こちらはわたしの～です」と人物をしょうかいするときは、This is my ～. と言います。
✿「彼女は～です」は、She is ～. と言います。She's は She is をちぢめた言い方です。

**声に出して言ってみよう** □に入ることばを入れかえて言いましょう。

This is my [mother]. ← ・sister ・aunt
She's [a teacher]. ← ・a nurse ・a voice actor
She's [smart]. ← ・kind ・friendly

**ちょこっとプラス**
this は近くにいる人をしょうかいするときに使います。はなれたところにいる人をしょうかいするときは、That［ザト、ザット］is ～.（あちらは～です）と言います。

## 2 住んでいる場所の言い方

言えたらチェック

I like my uncle.
He lives in the USA.
He's a musician.
わたしは（わたしの）おじが好きです。
彼(かれ)はアメリカ合衆国(がっしゅうこく)に住んでいます。
彼は音楽家です。

✿「わたしはわたしの～が好きです」は、I like my ～. と言います。
✿「彼［彼女］は～に住んでいます」は、He[She] lives in ～. と言います。
✿「彼は～です」は、He is ～. と言います。He's は He is をちぢめた言い方です。

**声に出して言ってみよう** □に入ることばを入れかえて言いましょう。

I like my [uncle]. ← ・father ・brother
He lives in [the USA]. ← ・France ・Australia
He's [a musician]. ← ・a doctor ・a scientist

**思い出そう**
「彼は～です」と男性について言うときは He is ～.、「彼女は～です」と女性について言うときには She is ～. を使います。

**ステップアップ**
「わたしは日本に住んでいます」は I live［リヴ］in Japan. と言いますが、「彼［彼女］は日本に住んでいます」は He［She］lives［リヴズ］in Japan. と言います。live と lives のちがいに注意しましょう。

# 書いて練習のワーク

読みながらなぞって、もう1回書きましょう。

This is my mother.

こちらはわたしの母親です。

She's a teacher.

彼女は教師です。

She's smart.

彼女はかしこいです。

I like my uncle.

わたしは（わたしの）おじが好きです。

He lives in the USA.

彼はアメリカ合衆国に住んでいます。

He's a musician.

彼は音楽家です。



英語のトビラ！ アメリカ合衆国の正式な名前は the United States of America［ザ ユーナイティド ステイツ オブ アメリカ］と言うよ。the US［ザ ユーエス］や USA［ユーエスエイ］と短く言うことも多いよ。

勉強した日 月 日

# This is my hero. ⑤

# 基本のワーク

**学習の目標**
だれてあるかをたずねたり、答えたりできるようになりましょう。

音声

♪ a46 教科書 60〜67 ページ

## 1 だれてあるかをたずねる言い方と答え方

言えたらチェック

**Who's this?**
こちらはだれですか。

**He's Yamada Ken.**
**He's a writer.**
彼(かれ)はヤマダケンです。
彼は作家です。

✿「こちらはだれですか」は、**Who's this?** と言います。**Who's** は **Who is** をちぢめた言い方です。

**声に出して言ってみよう** [ ]に入ることばを入れかえて言いましょう。

たずね方 **Who's this?**

答え方 [He]'s [Yamada Ken]. ← ▪ Suzuki Aoi

↕ ▪ She

[He]'s [a writer]. ← ▪ a teacher

**ちょこっとプラス**
英語で自分の名前を言うときは、「名前→名字」の順に言います。日本人の場合は、日本語と同じように「名字→名前」の順に言うこともできます。日本人の名前はローマ字で表します。

## 2 過去にしたことを伝える言い方

言えたらチェック

**She's a nurse.**
**She saved many people.**
彼女(かのじょ)は看護(かんご)師です。
彼女はたくさんの人々を救いました。

✿「彼女[彼]は〜しました」は、**She[He] saved[wrote] 〜.**(彼女[彼]は〜を救いました[書きました])のように、過去の動作を表すことばを使います。

**声に出して言ってみよう** [ ]に入ることばを入れかえて言いましょう。

[She]'s [a nurse]. ← ▪ a writer ▪ a soccer player

↕ ▪ He

[She] [saved many people]. ← ▪ wrote many books ▪ got a gold medal

**思い出そう**
日本語のア・イ・ウ・エ・オに似た音で始まることばの前には **a** ではなく、**an** をつけます。
例 She's an actor.
(彼女は俳優(はいゆう)です)

**ステップアップ** 動作を表すことばの過去の形を覚えましょう。save(救う)→ saved、write(書く)→ wrote、create(作る)→ created、win(勝つ)→ won、get(得る)→ got、perform(演じる)→ performed

# 書いて練習のワーク

読みながらなぞって、もう１回書きましょう。

Who's this?

こちらはだれですか。

He's Yamada Ken.

彼はヤマダケンです。

He's a writer.

彼は作家です。

She's a nurse.

彼女は看護師です。

She saved many people.

彼女はたくさんの人々を救いました。

He wrote many books.

彼はたくさんの本を書きました。



英語のトビラ！「名字」は英語で last name［ラスト ネイム］、または family name［ファミリィ ネイム］と言うよ。「名前」は first name［ファースト ネイム］と言うよ。

# 聞いて練習のワーク

教科書 60～67ページ　答え 7ページ

勉強した日　月　日

できた数　/13問中

音声

**1** 音声を聞いて、英語に合う絵をア～エから選び、記号を（　）に書きましょう。　t13

(1)（　　）　(2)（　　）　(3)（　　）　(4)（　　）

ア

イ

ウ

エ

**2** 音声を聞いて、しょうかいしている人物との関係を下のア～ウから選んで、「関係」のらんに記号を書きましょう。また、その人物の職業を表す日本語を［　］から、とくちょうを表す日本語を［　］からそれぞれ選んで、「職業」と「とくちょう」のらんに書きましょう。　t14

| | 名前 | 関係 | 職業 | とくちょう |
|---|---|---|---|---|
| (1) | Emi | （　） | （　） | （　） |
| (2) | Yuji | （　） | （　） | （　） |
| (3) | Maya | （　） | （　） | （　） |

ア　いとこ　　　イ　姉　　　ウ　祖母

俳優（はいゆう）　まんが家　野球選手

創造的（そうぞう）　有名　かっこいい

勉強した日　月　日

# まとめのテスト

## Unit 5　This is my hero.

得点　/50点

時間 20分

教科書 60～67ページ　答え 7ページ

**1** 英語の意味を表す日本語を選んで、線で結びましょう。　1つ6点〔30点〕

| | | |
|---|---|---|
| (1) strong | ・ | ・人気のある |
| (2) gentle | ・ | ・すばらしい、偉大な |
| (3) great | ・ | ・優しい |
| (4) popular | ・ | ・親しみやすい |
| (5) friendly | ・ | ・強い |

**2** 日本語の意味になるように英語を［　］から選んで、＿＿に書きましょう。文の最初にくることばは大文字で書きはじめましょう。　1つ5点〔20点〕

(1) こちらはだれですか。

＿＿＿＿ this?

(2) 彼女はわたしのおばです。

＿＿＿＿ my aunt.

(3) 彼はイタリアに住んでいます。

He lives ＿＿＿＿ Italy.

(4) こちらはわたしのクラスメートです。

＿＿＿＿ is my classmate.

it / this / he's / she's / who's / what's / at / in

聞く　話す　読む　書く

Unit 6

# My favorite memory is the school trip. ①

# 基本のワーク

勉強した日　　月　　日

**学習の目標**
学校行事を表す英語を言えるようになりましょう。

音声

教科書　70～77 ページ

## 学校行事を表すことばを覚えよう！

リズムに合わせて、声に出して言いましょう。　言えたらチェック □□□　a47

□ **entrance ceremony**
入学式

□ **sports festival**
運動会、体育祭

□ **school camp**
林間学校、臨海(りんかい)学校

□ **field trip**
遠足、社会科見学

□ **swimming meet**
水泳大会

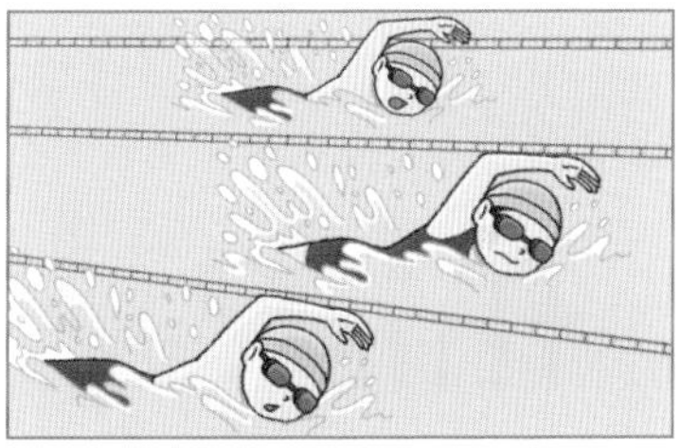

□ **school trip**
修学旅行

□ **school marathon**
マラソン大会

□ **drama festival**
学芸会、演劇(えんげき)祭

□ **music festival**
音楽祭

□ **graduation ceremony**
卒業式

□ **event**　複 events
行事

□ **memory**　複 memories
思い出

複…２つ以上のときの形（複数形）

# 書いて練習のワーク

✪ 読みながらなぞって、書きましょう。

entrance ceremony
入学式

sports festival
運動会、体育祭

school camp
林間学校、臨海学校

field trip
遠足、社会科見学

swimming meet
水泳大会

school trip
修学旅行

school marathon
マラソン大会

drama festival
学芸会、演劇祭

music festival
音楽祭

graduation ceremony
卒業式

event
行事

memory
思い出



英語のトビラ！ 「運動会」はアメリカでは field day［フィールド デイ］と言うよ。「2人3脚（ににんさんきゃく）」は three-legged race［スリーレギド レイス］、「つな引き」は tug of war［タッグ（オ）ヴ ウォー（ァ）］と言うよ。

勉強した日 月 日

# My favorite memory is the school trip. ②

# 基本のワーク

学習の目標
過去の動作を表す英語を言えるようになりましょう。

音声

教科書 70〜77 ページ

## 過去の動作を表すことばを覚えよう！

✪ リズムに合わせて、声に出して言いましょう。 言えたらチェック ☐☐☐ a18

☐ **saw** 現 see
見た

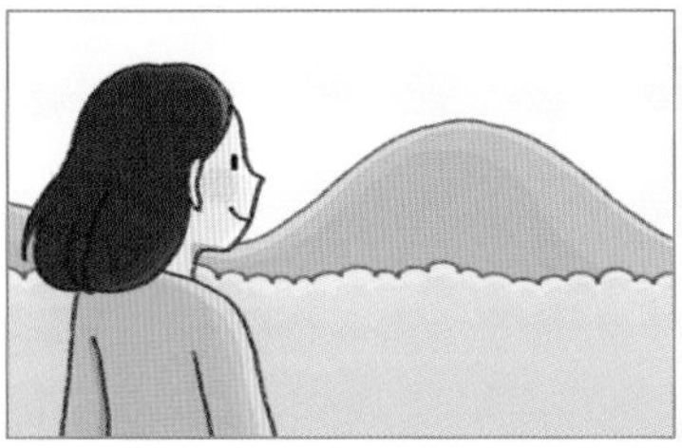

☐ **bought** 現 buy
買った

☐ **played** 現 play
（スポーツを）した、（楽器を）演奏（えんそう）した

☐ **made** 現 make
作った

☐ **enjoyed** 現 enjoy
楽しんだ

☐ **won** 現 win
勝った、獲得（かくとく）した

☐ **ran** 現 run
走った

☐ **ate** 現 eat
食べた

☐ **sang** 現 sing
歌った

現…現在のことを言うときの形（現在形）

## Word ワードボックス

a49

☐ saw many animals たくさんの動物を見た
☐ bought a souvenir [souvenirs] おみやげを買った
☐ played Cinderella シンデレラを演じた
☐ made a costume [costumes] 衣装（いしょう）を作った
☐ enjoyed the campfire キャンプファイアを楽しんだ
☐ ate lunch 昼食を食べた
☐ won first place 1位になった
☐ saw the tower タワーを見た
☐ bought a key ring [key rings] キーホルダーを買った
☐ played the recorder リコーダーをふいた
☐ made a paper flower [paper flowers] 折り紙の花を作った
☐ enjoyed singing 歌うことを楽しんだ
☐ ran fast 速く走った
☐ sang songs 歌を歌った



英語カード 133 〜 144 、145 〜 156

# 書いて練習のワーク

✪読みながらなぞって、もう１～２回書きましょう。

saw

見た

bought

買った

played

（スポーツを）した、（楽器を）演奏した

made

作った

enjoyed

楽しんだ

won

勝った、獲得した

ran

走った

ate

食べた

sang

歌った



**英語のトビラ!** won（勝った）と one（1）［ワン］の発音は同じだよ。ate（食べた）と eight（8）［エイト］の発音も同じだよ。英語にはつづりはちがっても発音が同じ単語がたくさんあるよ。

勉強した日　月　日

# My favorite memory is the school trip. ③

# 基本のワーク

学習の目標
小学校での思い出を英語でたずねたり答えたりできるようになりましょう。

音声 a50　教科書 70〜77 ページ

## 1 学校での思い出のたずね方と答え方

言えたらチェック

What's your favorite memory?
あなたの一番の思い出は何ですか。
It's the school trip. It was fun.
（それは）修学旅行です。（それは）楽しかったです。

✿一番の思い出をたずねるときは、What's your favorite memory? と言います。
✿答えるときは、It's the 〜. と言います。「〜」には、自分の一番の思い出を入れます。

**声に出して言ってみよう**　□に入ることばを入れかえて言いましょう。

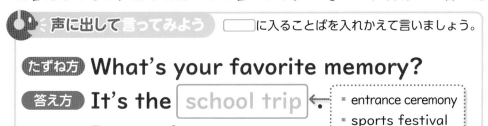

たずね方 What's your favorite memory?
答え方 It's the school trip.
It was fun.

- entrance ceremony
- sports festival

**思い出そう**
what's は what is を、it's は it is をちぢめた言い方です。会話では、このようなちぢめた形をよく使います。

## 2 学校での思い出をしょうかいする言い方

言えたらチェック

My Favorite Memory
My favorite memory is the school trip. We saw the tower.
わたしの一番の思い出は修学旅行です。
わたしたちはタワーを見ました。

✿「わたしの一番の思い出は〜です」は、My favorite memory is the 〜. と言います。
✿「わたしたちは〜しました」は、We saw[ate] 〜.（わたしたちは〜を見ました[食べました]）のように過去の動作を表すことばを使います。

**声に出して言ってみよう**　□に入ることばを入れかえて言いましょう。

My favorite memory is the school trip.
We saw the tower.

- bought key rings
- enjoyed singing

**思い出そう**
favorite は、Unit 1 で出てきた語で、「大好きな、一番（お気に入り）の」という意味のことばです。

**ステップアップ**
What's your favorite memory? に of school（学校の）をつけて、What's your favorite memory of school?（あなたの一番の学校の思い出は何ですか）と言うこともできます。of には「〜の」という意味があります。

# 書いて練習のワーク

読みながらなぞって、もう１回書きましょう。

What's your favorite memory?

あなたの一番の思い出は何ですか。

It's the sports festival.

それは運動会です。

It was fun.

それは楽しかったです。

My favorite memory is
the school trip.

わたしの一番の思い出は修学旅行です。

We saw the tower.

わたしたちはタワーを見ました。



英語のトビラ！ アメリカやカナダの運動会は、日本の運動会とは異なって、全学年がいっしょに参加して赤白に分かれて競争したり、応援(おうえん)合戦をしたりはしないよ。これは日本だけの特別なスポーツの楽しみ方だよ。

Unit 6



# 聞いて練習のワーク

できた数 /7問中

音声

教科書 70～77ページ　答え 8ページ

**1** 音声を聞いて、それぞれの一番の思い出は何か、線で結びましょう。 t15

(1)

Hayato

(2)

Luke

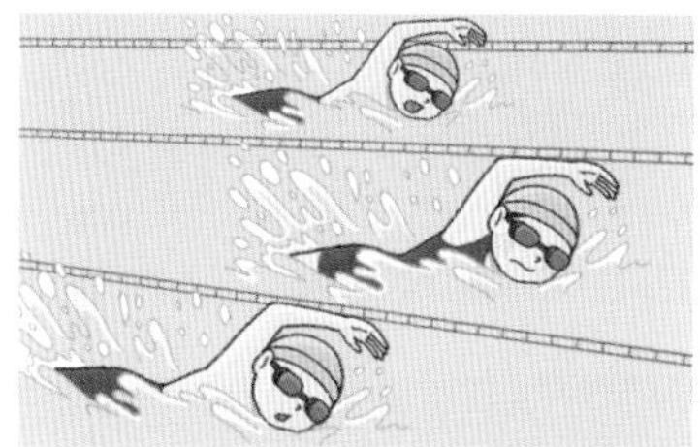

(3)

Emi

**2** 音声を聞いて、絵の内容と合っていれば○を、合っていなければ×を（　）に書きましょう。 t16

(1)

（　　　）

(2)

（　　　）

(3)

（　　　）

(4)

（　　　）

# まとめのテスト

## Unit 6　My favorite memory is the school trip.

得点　　/50点

時間 20分

教科書 70〜77ページ　答え 8ページ

**1** 日本語の意味に合うように、（　）の中から正しいほうを選び、▭で囲みましょう。

1つ6点〔30点〕

(1) わたしたちはたくさんの動物を見ました。

We ( saw / see ) many animals.

(2) わたしはおみやげを買いました。

I ( buy / bought ) souvenirs.

(3) わたしはリコーダーをふきました。

I ( played / play ) the recorder.

(4) わたしたちは歌うことを楽しみました。

We ( enjoyed / enjoy ) singing.

(5) わたしは速く走りました。

I ( ran / run ) fast.

**2** 日本語の意味を表す英語の文を、[　　]から選んで＿＿に書きましょう。　1つ10点〔20点〕

(1) あなたの一番の思い出は何ですか。

________________________________________

(2) わたしたちは昼食を作りました。

________________________________________

What's your favorite memory?
What's your favorite event?
We ate lunch.
We made lunch.

聞く　話す　読む　書く

勉強した日　月　日

# I want to be a fashion designer. ①

## 基本のワーク

**学習の目標**
職業を英語で言えるようになりましょう。

音声

教科書　82～89 ページ

### 職業を表すことばを覚えよう！

✪ リズムに合わせて、声に出して言いましょう。　言えたらチェック □□□　♪ a51

□ **fashion designer**
複 fashion designers
ファッションデザイナー

□ **vet**
複 vets
獣医

□ **scientist**
複 scientists
科学者

□ **soccer player**
複 soccer players
サッカー選手

□ **farmer**
複 farmers
農場経営者

□ **doctor**
複 doctors
医師

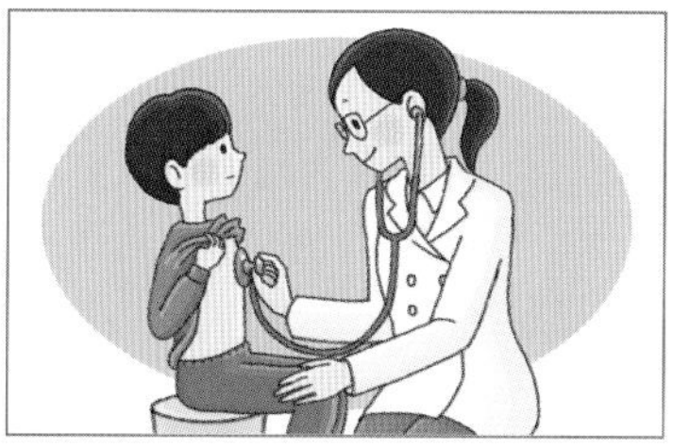

□ **nurse**
複 nurses
看護師

□ **game creator**
複 game creators
ゲームクリエーター

□ **comedian**
複 comedians
コメディアン

□ **actor**
複 actors
俳優

□ **illustrator**
複 illustrators
イラストレーター

□ **voice actor**
複 voice actors
声優

複…２人以上のときの形（複数形）

# 書いて練習のワーク

✪ 読みながらなぞって、もう１～２回書きましょう。

fashion designer
ファッションデザイナー

scientist
科学者

soccer player
サッカー選手

farmer
農場経営者

game creator
ゲームクリエーター

comedian
コメディアン

illustrator
イラストレーター

voice actor
声優

vet
獣医

doctor
医師

nurse
看護師

actor
俳優



英語のトビラ！ nurse は女性の看護師だけでなく、男性の看護師にも使うよ。actor も男性の俳優だけでなく、女性の俳優にも使うよ。

勉強した日　月　日

# I want to be a fashion designer. ②

# 基本のワーク

**学習の目標**
職業を英語で言えるようになりましょう。

音声

教科書　82〜89 ページ

## 職業を表すことばを覚えよう！

✪ リズムに合わせて、声に出して言いましょう。　言えたらチェック □□□　♪ a52

□ **astronaut**　複 astronauts
宇宙（うちゅう）飛行士

□ **baker**　複 bakers
パン焼き職人

□ **flight attendant**　複 flight attendants
客室乗務員

□ **dentist**　複 dentists
歯科医師

□ **fire fighter**　複 fire fighters
消防士

□ **hairdresser**　複 hairdressers
美容師

□ **nursery school teacher**　複 nursery school teachers
保育士

□ **pastry chef**　複 pastry chefs
菓子（かし）職人、パティシエ

□ **pilot**　複 pilots
パイロット

□ **police officer**　複 police officers
警察（けいさつ）官

□ **teacher**　複 teachers
教師

□ **musician**　複 musicians
ミュージシャン、音楽家

複…２人以上のときの形（複数形）

# 書いて練習のワーク

読みながらなぞって、書きましょう。

astronaut
宇宙飛行士

flight attendant
客室乗務員

fire fighter
消防士

hairdresser
美容師

nursery school teacher
保育士

pastry chef
菓子職人、パティシエ

police officer
警察官

musician
ミュージシャン、音楽家

baker
パン焼き職人

dentist
歯科医師

pilot
パイロット

teacher
教師

英語のトビラ！
動作を表すことばの最後に er をつけると、その動作をする人を表すことばになるものがあるよ。
例　bake［ベイク］（焼く）＋ er → baker（パン焼き職人）、teach［ティーチ］（教える）＋ er → teacher（教師）

Unit 7

勉強した日 月 日

# I want to be a fashion designer. ③

# 基本のワーク

学習の目標

want to、can、like、love、I'm good at に続けて英語を言えるようになりましょう。

音声

教科書 82～89 ページ

## したいことや好きなことを表すことばを覚えよう！

✪ リズムに合わせて、声に出して言いましょう。 言えたらチェック ♪a53

☐ **help people**
人々を助ける

☐ **sing and play the piano**
歌ってピアノをひく

☐ **save animals**
動物を救う

☐ **cook well**
上手に料理をする

☐ **anime**
アニメ

☐ **space and science**
宇宙(うちゅう)と理科

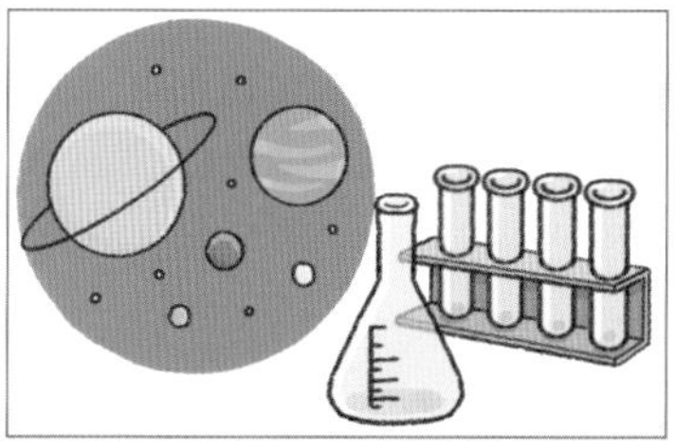

☐ **the stars**
星

☐ **traveling**
旅行すること

☐ **singing**
歌うこと

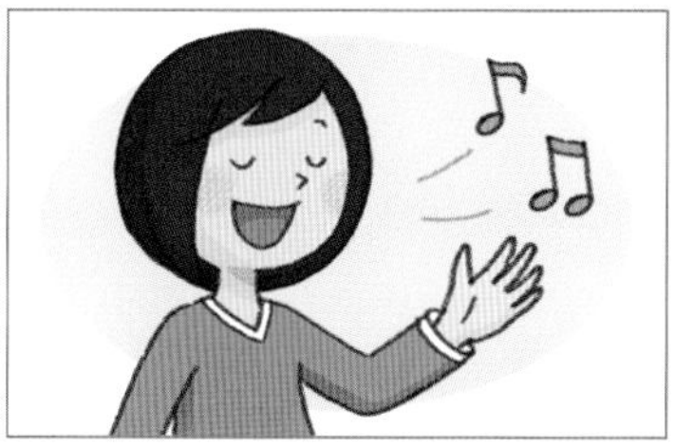

## ワードボックス ♪a54

☐ I want to ～. わたしは～したいです。
☐ I can ～. わたしは～することができます。
☐ I like ～. わたしは～が好きです。
☐ I love ～. わたしは～が大好きです。
☐ I'm good at ～. わたしは～することが得意です。
☐ making cakes ケーキを作ること
☐ playing soccer サッカーをすること
☐ growing vegetables 野菜を育てること
☐ bake delicious bread とてもおいしいパンを焼く
☐ perform characters' voices 登場人物の声を演じる
☐ design cool dresses かっこいいドレスをデザインする
☐ make people laugh and smile 人々を笑わせる
☐ talk with people from many countries たくさんの国の人々と話す

# 書いて練習のワーク

✪読みながらなぞって、もう１～２回書きましょう。

help people

人々を助ける

sing and play the piano

歌ってピアノをひく

save animals

動物を救う

cook well

上手に料理をする

anime

アニメ

space and science

宇宙と理科

the stars

星

traveling

旅行すること

singing

歌うこと



英語のトビラ！ 日本のアニメやマンガは、アメリカでも人気があるよ。特にアニメは、1960年代からアメリカでもテレビ放送が始まって人気となったよ。今では「アニメ」はanimeという英語として定着しているよ。

勉強した日 月 日

# I want to be a fashion designer. ④

# 基本のワーク

学習の目標：つきたい職業を英語でたずねたり答えたりできるようになりましょう。

音声

♪a55 教科書 82～89ページ

## 1 つきたい職業のたずね方と答え方

言えたらチェック

What do you want to be?
あなたは何になりたいですか。
I want to be a pastry chef.
わたしは菓子(かし)職人になりたいです。

- 「あなたは何になりたいですか」は、What do you want to be? と言います。
- 答えるときは、I want to be a[an] ～. (わたしは～になりたいです) と言います。

**声に出して言ってみよう** □に入ることばを入れかえて言いましょう。

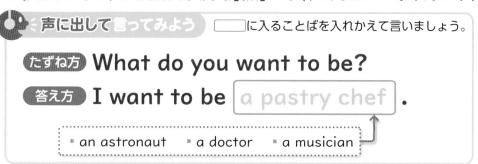

たずね方 What do you want to be?

答え方 I want to be [a pastry chef].

- an astronaut
- a doctor
- a musician

**表現べんり帳**

文の終わりに in the future [フューチァ] をつけて、What do you want to be in the future? (将来(しょうらい)、あなたは何になりたいですか) と言うこともあります。

## 2 つきたい理由のたずね方と答え方

言えたらチェック

Why?
なぜですか。
I can cook well.
わたしは上手に料理ができます[できるからです]。

- 「なぜですか」は、Why? と言います。
- 理由を答えるときは、I can ～. (わたしは～することができます) や I like ～. (わたしは～が好きです)、I want to ～. (わたしは～したいです) などを使います。

**声に出して言ってみよう** □に入ることばを入れかえて言いましょう。

たずね方 Why?

答え方 I [can cook well].

- like space and science
- want to help people
- love singing

**くらべよう**

want は「ほしい」という意味ですが、want のあとに〈to+ 動作を表すことば〉がくると、「～したい」という意味になります。

**ステップアップ** I want to be a[an] ～. と相手がつきたい職業を言ったら、Nice dream. [ナイス ドゥリーム] (すてきな夢ですね) や、Good luck [ラック]. (がんばってね) などと言ってあげるといいでしょう。

# 書いて練習のワーク

✪ 読みながらなぞって、もう1～2回書きましょう。

What do you want to be?

あなたは何になりたいですか。

I want to be a pastry chef.

わたしは菓子職人になりたいです。

I want to be an astronaut.

わたしは宇宙(うちゅう)飛行士になりたいです。

Why?

なぜですか。

I can cook well.

わたしは上手に料理ができます。

I like space and science.

わたしは宇宙と理科が好きです。



英語のトビラ！ astro- は「星、天体」などの意味を表すよ。これをふくむことばには、astronaut（宇宙飛行士）のほかに、astronomy［アストゥラノミィ］（天文学）、astronomer［アストゥラノマァ］（天文学者）などがあるよ。

Unit 7

# 聞いて練習のワーク

教科書 82〜89ページ　答え 9ページ

できた数　/10問中

音声

**1** 音声を聞いて、絵の内容と合っていれば○を、合っていなければ×を（　）に書きましょう。

t17

(1)

（　　　）

(2)

（　　　）

(3)

（　　　）

(4)

（　　　）

**2** 音声を聞いて、それぞれのつきたい職業とその理由を日本語で書いて、表を完成させましょう。

t18

| | 名前 | つきたい職業 | つきたい理由 |
|---|---|---|---|
| (1) | Taku | （　　　） | （　　　） |
| (2) | Emma | （　　　） | （　　　） |
| (3) | Shiori | （　　　） | （　　　） |

# まとめのテスト

勉強した日　　月　　日

## Unit 7　I want to be a fashion designer.

得点　　/50点

時間 20分

教科書 82〜89 ページ　答え 9 ページ

**1** 日本語の意味を表す英語を、[　　] から選んで ＿＿ に書きましょう。　1つ5点〔20点〕

(1) 医師　＿＿＿＿＿＿

(2) 看護師(かんご)　＿＿＿＿＿＿

(3) 科学者　＿＿＿＿＿＿

(4) パン焼き職人　＿＿＿＿＿＿

scientist / nurse / doctor / baker / dentist

**2** 日本語の意味になるように、[　] 内の語を並(なら)べかえて、＿＿ に英語を書きましょう。文の最初にくることばは大文字で書きはじめましょう。　1つ15点〔30点〕

(1) あなたは何になりたいですか。

[ do / you / to / what / want / be ]?

＿＿＿＿＿＿＿＿＿＿＿＿?

(2) わたしは教師になりたいです。

[ teacher / to / want / I / be / a ].

＿＿＿＿＿＿＿＿＿＿＿＿.

聞く　話す　読む　書く

勉強した日　月　日

# I want to join the brass band. ①

## 基本のワーク

**学習の目標**
中学校の部活動を英語で言えるようになりましょう。

音声

教科書　92～99 ページ

### 部活動を表すことばを覚えよう！

✪ リズムに合わせて、声に出して言いましょう。　言えたらチェック □□□　♪ a56

- □ **baseball team**
  野球部

- □ **swimming team**
  水泳部

- □ **tennis team**
  テニス部

- □ **track and field team**
  陸上部

- □ **soccer team**
  サッカー部

- □ **chorus**
  合唱部

- □ **science club**
  科学部

- □ **art club**
  美術部

- □ **brass band**
  吹奏楽部

### Word ワードボックス　♪ a57

- □ *judo* club　柔道部
- □ computer club　パソコン部
- □ dance club　ダンス部
- □ English club　英語部
- □ basketball team　バスケットボール部
- □ table tennis team　卓球部

### 発音コーチ

chorus の ch は日本語の「ク」と近い発音ですが、息を出しながら「ク」と言います。

# 書いて練習のワーク

✪ 読みながらなぞって、もう１～２回書きましょう。

baseball team

野球部

swimming team

水泳部

tennis team

テニス部

track and field team

陸上部

soccer team

サッカー部

chorus

合唱部

science club

科学部

art club

美術部

brass band

吹奏楽部

英語のトビラ！ 日本では部活動は中学３年間同じということが多いけど、アメリカでは秋・冬・春の季節ごとに別のものを選ぶことができるよ。夏は夏休みが３か月もあって学校が休みなので部活動はないよ。

勉強した日　月　日

# I want to join the brass band. ②

# 基本のワーク

学習の目標
中学校でやってみたいことを英語で言えるようになりましょう。

音声

教科書　92～99 ページ

## やってみたいことを表すことばを覚えよう！

✪ リズムに合わせて、声に出して言いましょう。　言えたらチェック □□□　♪ a58

□ **study English hard**
熱心に英語を勉強する

□ **make many friends**
たくさんの友だちを作る

□ **sing in the chorus contest**
合唱コンクールで歌う

□ **wear the school uniform**
学校の制服を着る

□ **join the dance club**
ダンス部に入る

□ **play the trumpet**
トランペットをふく

□ **do volunteer work**
ボランティアの仕事をする

□ **go on a field trip**
遠足［社会科見学］に行く

□ **attend Career Day**
職業体験をする

## Word ワードボックス　♪ a59

- □ field trip　遠足、社会科見学
- □ Career Day　職業体験日
- □ chorus contest　合唱コンクール
- □ speech contest　弁論大会
- □ school festival　学園祭
- □ concert　コンサート

## ことば解説

trip は比較的短い旅行を意味する語です。travel［トゥラヴ（ェ）ル］は比較的長い旅行を意味することが多く、tour［トゥア］は観光などであちこちまわる旅行を意味します。

# 書いて練習のワーク

✪ 読みながらなぞって、書きましょう。

study English hard

熱心に英語を勉強する

make many friends

たくさんの友だちを作る

sing in the chorus contest

合唱コンクールで歌う

wear the school uniform

学校の制服を着る

join the dance club

ダンス部に入る

play the trumpet

トランペットをふく

do volunteer work

ボランティアの仕事をする

go on a field trip

遠足［社会科見学］に行く

attend Career Day

職業体験をする



英語のトビラ！ アメリカやカナダなどでは、日本のような制服がない学校が多いよ。韓国（かんこく）やタイなどアジアの国では制服のある学校が多いよ。

勉強した日　月　日

# I want to join the brass band. ③

# 基本のワーク

学習の目標・
中学校でやってみたい部活動を英語でたずねたり答えたりできるようになりましょう。

音声

♪ a60　教科書 92〜99 ページ

## 1 中学校でやってみたい部活動のたずね方

言えたらチェック □□□

What club do you want to join?
あなたは何部に入りたいですか。

✿「あなたは何部に入りたいですか」は、**What club do you want to join?** と言います。
✿ join は「入る」です。want to（〜したい）に続けて want to join とすると、「入りたい」の意味になります。

**声に出して言ってみよう** 次の英語を言いましょう。

たずね方 **What club do you want to join?**

**表現べんり帳**
club は「〜部」という意味です。what club で「何部」という意味になります。

## 2 中学校でやってみたい部活動の答え方

言えたらチェック □□□

I want to join the badminton team.
わたしはバドミントン部に入りたいです。
That's great!
それはすばらしいですね！

✿ 1 の質問に答えるときは、**I want to join the 〜.**（わたしは〜に入りたいです）と言います。
✿「〜」には、入りたい部活動を入れます。

**声に出して言ってみよう** □に入ることばを入れかえて言いましょう。

答え方 **I want to join the** [badminton team]**.**
**— That's great!**

・tennis team　・art club　・chorus

**表現べんり帳**
That's great! のほかにも Great!（すごい！）と言ったり、That's a great idea［アイディ(ー)ア］.（それはすばらしい考えですね）と言ったりすることができます。

ステップアップ 「あなたはどうですか」と、相手の考えをたずねるときには、How about you?［ハウ アバウト ユー］と言います。

# 書いて練習のワーク

✪ 読みながらなぞって、もう1回書きましょう。

What club do you want to join?

あなたは何部に入りたいですか。

I want to join the badminton team.

わたしはバドミントン部に入りたいです。

I want to join the art club.

わたしは美術部に入りたいです。

I want to join the chorus.

わたしは合唱部に入りたいです。

That's great!

それはすばらしいですね！



英語のトビラ！ 海外では、学校ごとにおこなう部活動のほかに、地域ごとにチームを作ってスポーツをすることも多いよ。いろいろな学校や年齢の子どもたちがいっしょに活動することも多いんだ。

勉強した日 月 日

# I want to join the brass band. ④

# 基本のワーク

学習の目標
中学校でやってみたいことを英語でたずねたり答えたりできるようになりましょう。

音声

♪a61　教科書 92〜99 ページ

## 1 中学校でやってみたいことのたずね方

言えたらチェック

What do you want to do in junior high school?
あなたは中学校で何をしたいですか。

＊「あなたは中学校で何をしたいですか」は、What do you want to do in junior high school? と言います。

声に出して言ってみよう　次の英語を言いましょう。

たずね方 **What do you want to do in junior high school?**

思い出そう
〈in＋場所〉は「〜で［に］」と場所を表します。in junior high school「中学校で」、in high school「高校で」などと学校を入れることもできます。

## 2 中学校でやってみたいことの答え方

言えたらチェック

I want to sing in the chorus contest.
わたしは合唱コンクールで歌いたいです。

＊❶の質問に答えるときは、I want to 〜.（わたしは〜したいです）と言います。「〜」には動作を表すことばを入れます。

声に出して言ってみよう　□に入ることばを入れかえて言いましょう。

答え方 **I want to** sing in the chorus contest.

- make many friends
- play the trumpet
- study English hard

ちょこっとプラス
many は「たくさんの」という意味です。many のあとのものを表すことばは複数形にします。

ステップアップ　What do you want to do? に「将来（しょうらい）」を表す in the future［フューチァ］をつけて、What do you want to do in the future?（あなたは将来、何をしたいですか）と言うこともできます。

# 書いて練習のワーク

✪ 読みながらなぞって、もう１回書きましょう。

What do you want to do
in junior high school?

あなたは中学校で何をしたいですか。

I want to sing in the chorus
contest.

わたしは合唱コンクールで歌いたいです。

I want to play the trumpet.

わたしはトランペットをふきたいです。

I want to study English hard.

わたしは熱心に英語を勉強したいです。



英語のトビラ！ アメリカの小学校の英語の授業は language arts［ラングウィヂ アーツ］と言い、英語の読む・書く・話す・聞くの４つを全体的に学習するよ。学校によってはスペイン語などの外国語の授業があるよ。

Unit 8

勉強した日　　月　　日

# 聞いて練習のワーク

教科書　92〜99 ページ　　答え　10 ページ

できた数　　/8問中

音声

**1** 音声を聞いて、絵の内容がやってみたいことならば○、やってみたいことでなければ×を（　）に書きましょう。　♪ t19

(1)

（　　　　）

(2)

（　　　　）

(3)

（　　　　）

(4)

（　　　　）

**2** 音声を聞いて、それぞれどの部活動をやってみたいか、線で結びましょう。　♪ t20

(1)

Hayato

(2)

Emi

(3)

Yuki

(4)

Ken

# まとめのテスト

勉強した日 月 日

## Unit 8 I want to join the brass band.

得点 /50点

時間 20分

教科書 92〜99 ページ　答え 11 ページ

**1** 英語の意味を表す日本語を、(　)に書きましょう。 1つ4点〔20点〕

(1) brass band (　　　　　　)

(2) track and field team (　　　　　　)

(3) science club (　　　　　　)

(4) do volunteer work (　　　　　　)

(5) study English hard (　　　　　　)

**2** 日本語の意味になるように英語を[ ]から選んで、＿＿に書きましょう。文の最初にくることばは大文字で書きはじめましょう。 1つ10点〔30点〕

(1) あなたは中学校で何をしたいですか。

What do you ＿＿＿＿ to do in junior high school?

(2) [(1)に答えて] わたしはダンス部に入りたいです。

I want to ＿＿＿＿ the dance club.

(3) [(2)に対して] それはすばらしいですね！

＿＿＿＿ great!

what's / that's / want / make / join

聞く 話す 読む 書く

# リーディングレッスン 1

教科書 104～107 ページ　答え 11 ページ

✪ 次の英語の文章を３回読みましょう。　✔言えたらチェック

（前略） One day Midas saw an old man.
The old man was sick.
Midas helped him.

one week later
The old man went to the castle.
“Thank you for your help.
Make a wish.” （中略）

“Now, you have magic fingers.
Please touch something.”
（中略）

one day［ワン デイ］：ある日　Midas［マイダス］：ミダース（王の名）　old［オウルド］：年老いた
man［マン］：男性　sick［スィック］：病気の　helped［ヘルプト］：助けた　him［ヒム］：彼を
one week later［ワン ウィーク レイタァ］：１週間後　Thank you for ～.［サンキュー フォ］：～をありがとう。
help［ヘルプ］：助け　Make a wish.［メイク ア ウィッシ］：願いごとをしてください。　now［ナウ］：さあ
magic［マヂク］：魔法の　finger(s)［フィンガァ(ズ)］：(手の) 指
Please touch something.［プリーズ タッチ サムスィング］：何かにさわってください。

## Question

できた数 /3問中

**文章の内容について、次の質問に答えましょう。**

(1) ある日、ミダースは何を見ましたか。英語３語で ☐ に書きましょう。

(2) ミダースが助けた老人は、１週間後、どこへ行きましたか。（　）に日本語を書きましょう。

（　　　　　　　　）

(3) 下線部はだれがだれに向かって言ったことばですか。（　）の中から正しいほうを選び、☐ で囲みましょう。

（ ミダース / 老人 ）が（ ミダース / 老人 ）に向かって言ったことば

**英文をなぞって書きましょう。**

One day Midas saw an old man.

The old man went to the castle.

聞く 話す 読む 書く

勉強した日 月 日

# リーディングレッスン 2

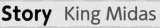

教科書 104〜107 ページ　答え 11 ページ

次の英語の文章を３回読みましょう。　言えたらチェック

Then his daughter came.
Midas touched her.
She turned into gold.

“Oh, no!  This is not great!
Please take away this
magic!”
Midas cried and cried. （中略）

Midas’s daughter came
back to life.
They were very happy.

then [ゼン]：そのとき　his [ヒズ]：彼の　daughter [ドータァ]：むすめ　came [ケイム]：来た
touched [タッチト]：ふれた　her [ハ]：彼女に　turned into [ターンド イントゥ]：～に変わった
gold [ゴウルド]：金　Oh, no!：[オウ ノウ]：どうしよう！
Please take away this magic! [プリーズ テイク アウェイ ズィス マヂク]：この魔法を解いてください！
cried and cried [クライド アンド クライド]：泣きじゃくった　Midas’s [マイダスィズ]：ミダースの
came back to life [ケイム バック トゥ ライフ]：生き返った　very [ヴェリィ]：とても　happy [ハピィ]：幸せな

## Question

できた数
/3問中

**文章の内容について、次の質問に答えましょう。**

(1) ミダースがむすめにふれると、むすめは何に変わりましたか。(　)に日本語で書きましょう。

(　　　　　　　　　　)

(2) 下線部はだれが言ったことばですか。正しいほうを選び、□で囲みましょう。

ミダース　　　　ミダースのむすめ

(3) 最終的にミダースとそのむすめはどうなりましたか。

ア　魔法が解けて、むすめは元にもどり、2人は幸せだった。
イ　魔法が解けて、むすめは元にもどったが、2人は幸せではなかった。
ウ　魔法が解けず、むすめは元にもどらなかったが、2人は幸せだった。
エ　魔法が解けず、むすめは元にもどらなかったので、2人は幸せではなかった。

(　　　　　)

✪ 英文をなぞって書きましょう。

She turned into gold.

This is not great!

Midas's daughter came

back to life.

They were very happy.

聞く　話す　読む　書く

# 英語の文の形

✪ 中学校での学習に向けて英語の文の形をおさらいしましょう。

## ▶「―は…です」の文

◆ am、are、isを使った文

**I am Sakura.**
I am = I'm　わたしはサクラです。

**I am not Sakura.**
I am not = I'm not
わたしはサクラではありません。

amのあとに
notがあるね。

**You are Sakura.**
あなたはサクラです。

**Are you Sakura?**
あなたはサクラですか。

**Yes, I am.**　はい、そうです。

**No, I am not.**
いいえ、ちがいます。

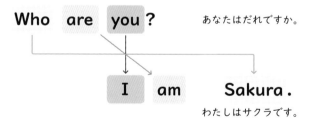

**Who are you?**　あなたはだれですか。

**I am Sakura.**
わたしはサクラです。

areが前に
出ているね。

## ▶「―は～を…します」の文

◆ 動作を表すことば(動詞)を使った文

**I have a ball.**
わたしはボールを持っています。

**I do not have a ball.**
do not = don't
わたしはボールを持っていません。

doのあとに
notがあるね。

**You have a ball.**
あなたはボールを持っています。

**Do you have a ball?**
あなたはボールを持っていますか。

**Yes, I do.**　はい、持っています。

**No, I do not.**
いいえ、持っていません。

**What do you have?**
あなたは何を持っていますか。

**I have a ball.**
わたしはボールを持っています。

doが前に
出ているね。

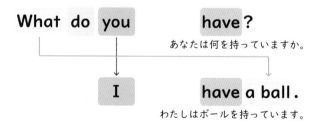

● 「～ではありません、～しません」の文を否定文と言います。
● 「～ですか、～しますか」の文を疑問文と言います。

# 動画で復習＆アプリで練習！

# 重要表現まるっと整理

6年生の重要表現を復習するよ！動画でリズムにあわせて楽しく復習したい人は ❶ を、はつおん練習にチャレンジしたい人は ❷ を読んでね。❶→❷の順で使うとより効果的だよ！

## ❶「わくわく動画」の使い方

各ページの冒頭についているQRコードを読み取ると、動画の再生ページにつながります。

Alec先生に続けて子どもたちが１人ずつはつおんします。Alec先生が「You!」と呼びかけたらあなたの番です。

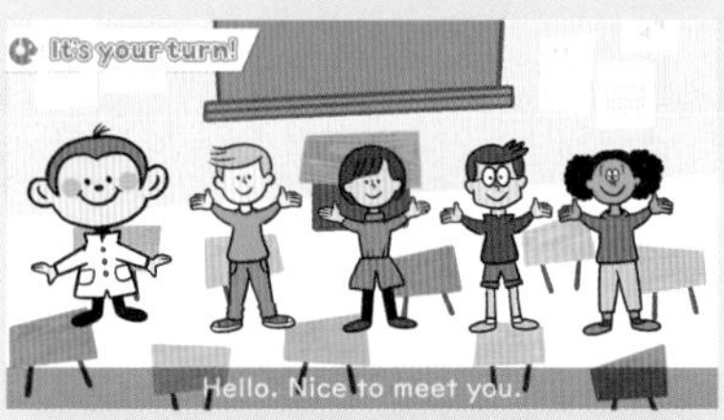


It's your turn!（あなたの番です）が出たら、画面に出ている英文をリズムにあわせてはつおんしましょう。

最後に自己表現の練習をします。
It's your turn! が出たら、画面上の英文をはつおんしましょう。［　　　］の中に入れる単語は  も参考にしましょう。

## ❷「文理のはつおん上達アプリ　おん達」の使い方

ホーム画面下の「かいわ」を選んで、学習したいタイトルをおします。

**トレーニング**

① 🔊 をおしてお手本の音声を聞きます。
② 🎤 をおして英語をふきこみます。
③点数を確認し、⦿ をおして自分の音声を聞きましょう。

**チャレンジ**

①カウントダウンのあと会話が始まります。
② 🎤 が光ったら英語をふきこみ、最後にもう一度 🎤 をおします。
③“Role Change!”と出たら役をかわります。

ダウンロード

アクセスコード

EUPXQF9a

※アクセスコード入力時から15か月間ご利用になれます。
※本サービスは無料ですが，別途各通信会社の通信料がかかります。　※お客様のネット環境および端末によりご利用いただけない場合がございます。
ご理解，ご了承いただきますよう，お願いいたします。　※【推奨環境】スマートフォン，タブレット等（iOS11以上，Android8.0以上）

勉強した日 月 日

# 第1回 生活や家事について
# 重要表現まるっと整理

6-01

動画

✪アプリを使って会話の練習をしましょう。80点以上になるように何度も練習しましょう。

**トレーニング** 生活や家事についての表現を練習しましょう。____の部分をかえて練習しましょう。

s01

- □① What time do you usually <u>get up</u>? あなたはたいてい何時に起きますか。
  - ・go to school ・have dinner ・go to bed
- □② I usually <u>get up</u> at <u>7:00</u>. わたしはたいてい７時に起きます。
  - ・go to school ・have dinner ・go to bed
  - ・8:00 ・6:30 ・9:00
- □③ What do you do in the morning? あなたは午前中、何をしますか。
- □④ I <u>always</u> <u>walk the dog</u>. わたしはいつもイヌを散歩させます。
  - ・usually ・sometimes
  - ・clean my room ・wash the dishes ・take out the garbage

**チャレンジ** 生活や家事についての会話を練習しましょう。

s02

What time do you usually get up?
07:00
I usually get up at 7:00.

What do you do in the morning?
I always walk the dog.

# 第2回 行きたい国について
# 重要表現まるっと整理

6-02 動画

アプリを使って会話の練習をしましょう。80点以上になるように何度も練習しましょう。

**トレーニング** 行きたい国についての表現を練習しましょう。＿＿の部分をかえて練習しましょう。

♪ s03

□① Where do you want to go? あなたはどこへ行きたいですか。

□② I want to go to Italy. わたしはイタリアへ行きたいです。

・Australia ・India ・Egypt

□③ Why? なぜですか。

□④ I want to eat pizza. わたしはピザが食べたいです。

・see koalas ・eat curry ・see the pyramids

まねして
言ってみよう！

**チャレンジ** 行きたい国についての会話を練習しましょう。

♪ s04

Where do you want to go?
I want to go to Italy.
Why?
I want to eat pizza.

勉強した日　月　日

# 第3回 夏休みにしたことについて
## 重要表現まるっと整理

6-03　動画

アプリを使って会話の練習をしましょう。80点以上になるように何度も練習しましょう。

**トレーニング** 夏休みにしたことについての表現を練習しましょう。____の部分をかえて練習しましょう。

s05

□① How was your summer vacation?　あなたの夏休みはどうでしたか。

□② I went to the mountains.　わたしは山へ行きました。
・the summer festival ・my grandparents' house ・the sea

□③ I enjoyed camping.　わたしはキャンプを楽しみました。
・saw fireworks ・ate watermelon ・enjoyed swimming

□④ It was great.　すばらしかったです。
・exciting ・delicious ・fun

**チャレンジ** 夏休みにしたことについての会話を練習しましょう。

s06

How was your summer vacation?
I went to the mountains.
I enjoyed camping.
It was great.

勉強した日　月　日

# 第4回 自分の町について

## 重要表現まるっと整理

6-04 動画

アプリを使って会話の練習をしましょう。80点以上になるように何度も練習しましょう。

**トレーニング** 自分の町についての表現を練習しましょう。____の部分をかえて練習しましょう。

♪ s07

□① We have a stadium in our town.
・zoo ・convenience store ・library
わたしたちの町にはスタジアムがあります。

□② We can see soccer games in the stadium.
・see many animals ・buy snacks ・read many books
・zoo ・convenience store ・library
わたしたちはスタジアムでサッカーの試合を見ることができます。

□③ We don't have an aquarium in our town.
・an amusement park ・a department store ・a bookstore
わたしたちの町には水族館がありません。

□④ I want an aquarium in our town.
・an amusement park ・a department store ・a bookstore
わたしはわたしたちの町に水族館がほしいです。

**チャレンジ** 自分の町について会話を練習しましょう。

♪ s08

We have a stadium in our town.
We can see soccer games in the stadium.

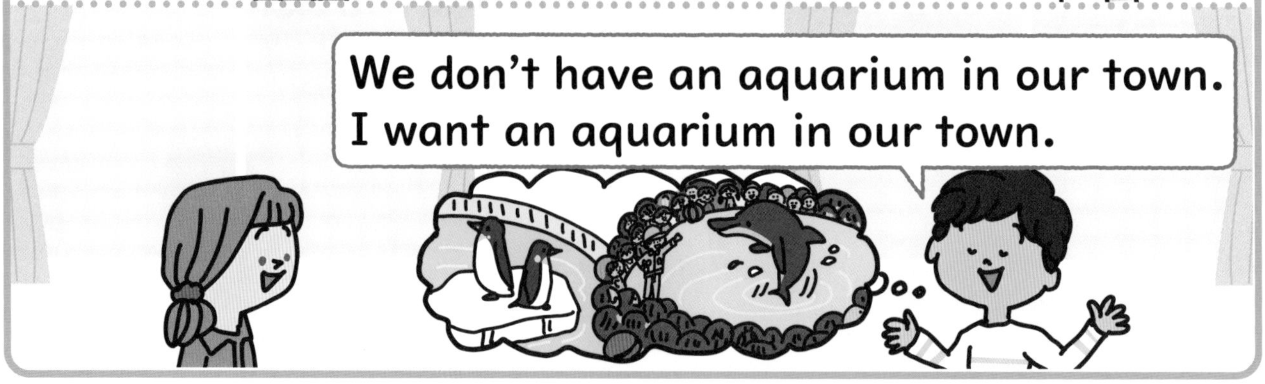
We don't have an aquarium in our town.
I want an aquarium in our town.

聞く 話す 読む 書く

勉強した日　　月　　日

# 第5回 つきたい職業について
## 重要表現まるっと整理

6-05　動画

✪ アプリを使って会話の練習をしましょう。80点以上になるように何度も練習しましょう。

**トレーニング**　つきたい職業についての表現を練習しましょう。＿＿の部分をかえて練習しましょう。

s09

- □① What do you want to be?　あなたは何になりたいですか。
- □② I want to be a doctor.　わたしは医者になりたいです。
  - ・a teacher　・a cook　・an astronaut
- □③ Why?　なぜですか。
- □④ I want to help people.　わたしは人びとを助けたいです。
  - ・like children　・like cooking　・want to go into space

がんばって！

**チャレンジ**　つきたい職業についての会話を練習しましょう。

s10

What do you want to be?
I want to be a doctor.
Why?
I want to help people.

# 第6回 小学校での一番の思い出について

## 重要表現まるっと整理

6-06 お　動画

アプリを使って会話の練習をしましょう。80点以上になるように何度も練習しましょう。

**トレーニング** 小学校での一番の思い出についての表現を練習しましょう。＿＿の部分をかえて練習しましょう。

♪ s11

- ☐① What's your best memory?　あなたの一番の思い出は何ですか。
- ☐② My best memory is our <u>sports day</u>.　わたしの一番の思い出は運動会です。
  - ・field trip ・chorus contest ・school trip
- ☐③ What did you do?　あなたは何をしましたか。
- ☐④ I <u>enjoyed running</u>.　わたしは走ることを楽しみました。
  - ・ate *obento* ・enjoyed singing ・saw many temples

**チャレンジ** 小学校での一番の思い出についての会話を練習しましょう。

♪ s12

聞く　話す　読む　書く

勉強した日　　月　　日

# 第7回 入りたい部活動について
# 重要表現まるっと整理

6-07　動画

✪ アプリを使って会話の練習をしましょう。80点以上になるように何度も練習しましょう。

**トレーニング** 入りたい部活動についての表現を練習しましょう。___の部分をかえて練習しましょう。

s13

□① What club do you want to join?　あなたは何部に入りたいですか。

□② I want to join the table tennis team.　わたしは卓球部に入りたいです。

・chorus　・science club　・cooking club

□③ What school event do you want to enjoy?　あなたはどんな学校行事を楽しみたいですか。

□④ I want to enjoy the school festival.　わたしは学園祭を楽しみたいです。

・chorus contest　・swimming meet　・drama festival

**チャレンジ** 入りたい部活動についての会話を練習しましょう。

s14

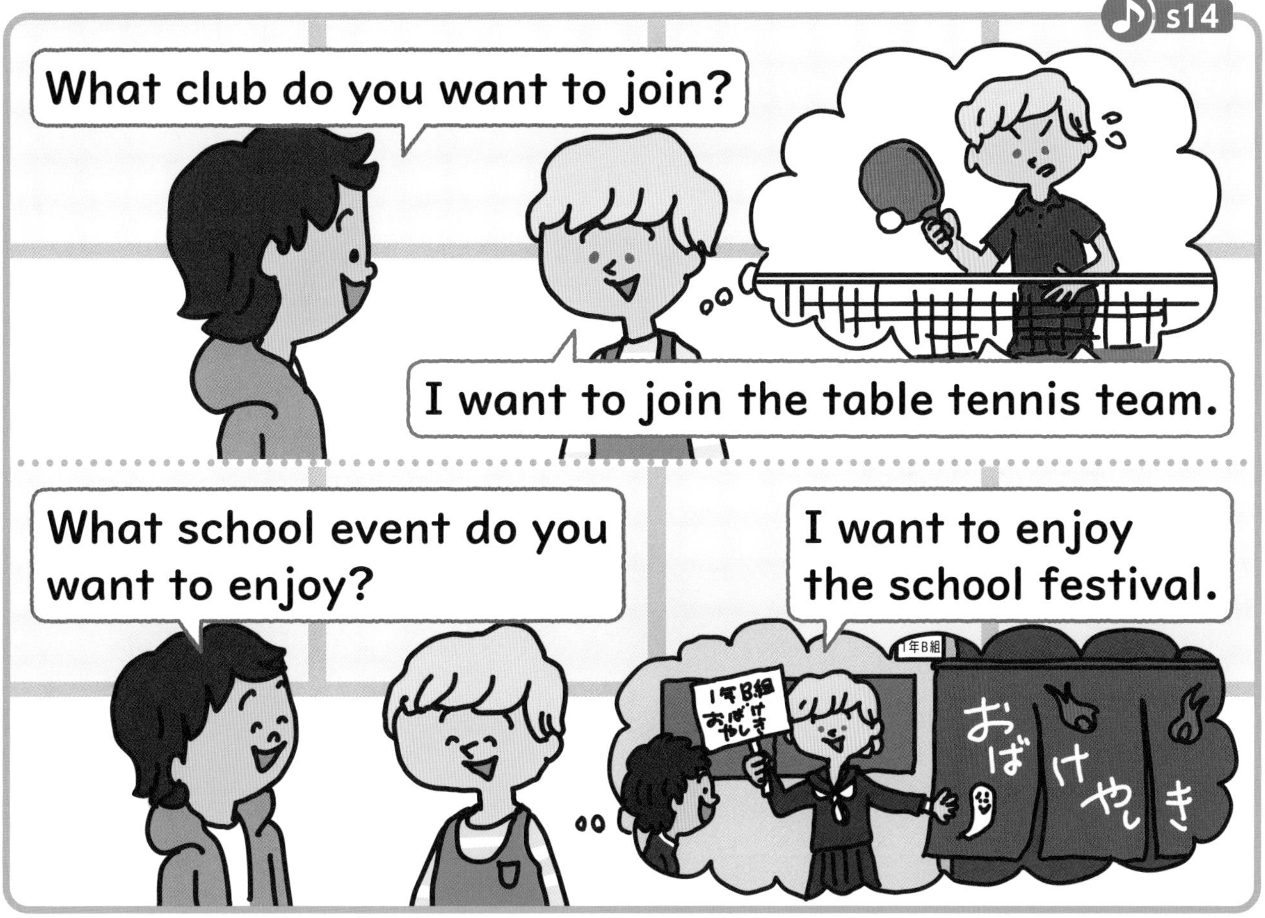
What club do you want to join?
I want to join the table tennis team.
What school event do you want to enjoy?
I want to enjoy the school festival.
1年B組
おばけやしき

●勉強した日　　月　　日

# 実力判定テスト 夏休みのテスト

時間 20分

名前　　得点　　/100点

音声

教科書 10～43ページ　答え 12ページ

聞く

## 1 音声を聞いて、英語に合う絵をア～エから選び、記号を(　)に書きましょう。

1つ6点〔24点〕

(1)(　　　)　(2)(　　　)　(3)(　　　)　(4)(　　　)

♪ t21

ア

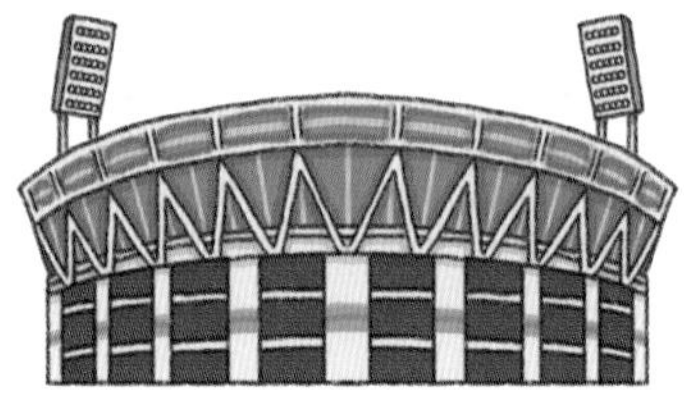

イ

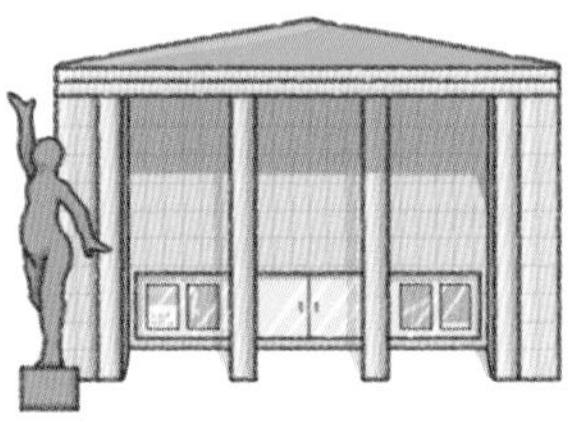

ウ

エ

## 2 音声を聞いて、それぞれが自分たちの町に必要としているものを線で結びましょう。

1つ8点〔24点〕

♪ t22

(1)

(2)

(3)

**6** エリカの自己しょうかいカードを見て、内容に合うように英語を［　］から選んで、＿＿に書きましょう。

1つ5点〔20点〕

Erika

【エリカの自己しょうかいカード】
出身地：フランスのパリ
好きな教科：音楽（理由：おもしろい）
得意なこと：ピアノをひくこと

(1) I'm from Paris, ＿＿＿＿＿＿＿＿.

(2) My favorite subject is ＿＿＿＿＿＿＿＿.

(3) It's ＿＿＿＿＿＿＿＿.

(4) I'm good at ＿＿＿＿＿＿＿＿ the piano.

music / delicious / playing / interesting / France

●勉強した日　　月　　日

実力判定テスト

# 夏休みのテスト

時間 10分

名前　　得点　　/50点

書く　読む

教科書 10～43ページ　答え 12ページ

5 日本語の意味になるように英語を[ ]から選んで、＿＿に書きましょう。

1つ6点〔30点〕

(1) 奈良はよい場所です。

Nara is a good ＿＿＿＿.

(2) あなたはスポーツを見ることができます。

You can ＿＿＿＿ sports.

(3) あなたの大好きな色は何ですか。

What's your favorite

＿＿＿＿?

(4) わたしたちは安全に歩くことができます。

We can ＿＿＿＿ safely.

(5) わたしたちは病院が必要です。

We ＿＿＿＿ a hospital.

color / place / watch / walk / move / need

**3** 音声を聞いて答える問題です。ア、イ、ウの３つの文が読まれます。絵に合う文を選んで、(　)に記号を書きましょう。

1つ6点〔24点〕

t23

(1)

(　　　)

(2)

(　　　)

(3)

(　　　)

(4)

(　　　)

**4** 音声を聞いて答える問題です。ジュンが自分の出身地について英語で話しています。その内容を(　)に日本語で書きましょう。

1つ7点〔28点〕

t24

Jun

| | テーマ | 答　え |
|---|---|---|
| (1) | ジュンの出身地 | (　　　　　　) |
| (2) | ジュンの出身地で<br>楽しめる食べもの | (　　　　　　) |
| (3) | ジュンの出身地で<br>春にできること | (　　　　　　) |
| (4) | ジュンの出身地で<br>冬にできること | (　　　　　　) |

うら面の問題も解きましょう。

●勉強した日　月　日

# 実力判定テスト 冬休みのテスト

時間 10分

名前　得点　/50点

教科書 50～77ページ　答え 13ページ

書く　読む

**5** 日本語の意味になるように英語を［　］から選んで、＿＿に書きましょう。

1つ6点〔30点〕

(1) わたしの一番の思い出は修学旅行です。

My favorite ＿＿＿＿ is the school trip.

(2) きのう、わたしはピザを作りました。

I made a pizza ＿＿＿＿ .

(3) わたしは花火を見ました。

I ＿＿＿＿ fireworks.

(4) わたしは昼食を食べました。

I ＿＿＿＿ lunch.

(5) 彼（かれ）は1位になりました。

He ＿＿＿＿ first place.

event / yesterday / saw / ate / memory / won

**3** 音声を聞いて答える問題です。質問とその答えとして、ア、イ、ウの３つの文が読まれます。絵を見て質問に合う答えを選んで、（　）に記号を書きましょう。

1つ7点〔28点〕

t27

(1)

（　　　）

(2)

（　　　）

(3)

（　　　）

(4)

（　　　）

**4** 音声を聞いて答える問題です。ユキが英語である人物をしょうかいしています。その内容を（　）に日本語で書きましょう。

1つ8点〔24点〕

t28

Yuki

| | テーマ | 答　え |
|---|---|---|
| (1) | しょうかいしている人の職業 | （　　　　　　） |
| (2) | しょうかいしている人のとくちょう | （　　　　　　） |
| (3) | しょうかいしている人がしたこと | （　　　　　　） |

うら面の問題も解きましょう。

●勉強した日　　月　　日

実力判定テスト

# 冬休みのテスト

時間 20分

名前

得点　　/100点

音声

教科書　50〜77ページ

答え　13ページ

聞く

## 1 音声を聞いて、英語に合う絵をア〜エから選び、記号を（　）に書きましょう。

1つ6点〔24点〕

t25

(1)（　　　）　(2)（　　　）　(3)（　　　）　(4)（　　　）

ア

イ

ウ

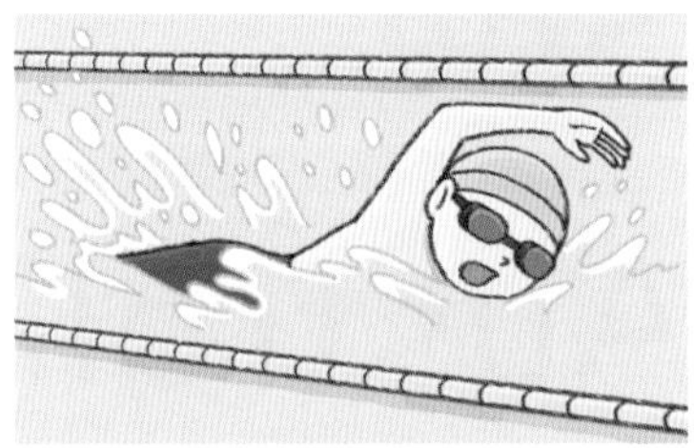

エ

## 2 音声を聞いて、それぞれが先週末にしたことを線で結びましょう。

1つ8点〔24点〕

t26

(1)

・　　・

(2)

・　　・

(3)

・　　・

**6** ナオミが親族の１人をしょうかいしています。カードを見て、内容に合うように英語を [ ] から選んで、＿＿に書きましょう。 1つ5点〔20点〕

【わたしのおばについて】
住んでいる場所：オーストラリア
職業：科学者
とくちょう：優(やさ)しい

(1) This is my ＿＿＿＿＿.

(2) She ＿＿＿＿＿ in Australia.

(3) She's a ＿＿＿＿＿.

(4) She's ＿＿＿＿＿.

nurse / gentle / uncle / lives / aunt / scientist

●勉強した日　　月　　日

実力判定テスト

# 学年末のテスト

時間 20分

名前

得点　　/100点

音声

聞く

教科書　10〜99ページ

答え　15ページ

**1** 音声を聞いて、絵の内容と合っていれば○を、合っていなければ×を（　）に書きましょう。

1つ6点〔24点〕

t29

(1)

（　　　）

(2)

（　　　）

(3)

（　　　）

(4)

（　　　）

**2** 音声を聞いて、それぞれがつきたい職業を線で結びましょう。

1つ8点〔24点〕

t30

(1)

●　　　　●

(2)

●　　　　●

(3)

●　　　　●

**6** シオリの自己しょうかいカードを見て、内容に合うように英語を［　　］から選んで、＿＿に書きましょう。

1つ5点〔25点〕

Shiori

【シオリの自己しょうかいカード】
出身地：東京
つきたい職業：獣医
（理由：たくさんの動物を救いたい）
大好きな食べもの：ケーキ（理由：とてもおいしい）

(1) I'm ＿＿＿＿ Tokyo.

(2) I want to be a ＿＿＿＿.

(3) I want to ＿＿＿＿ many animals.

(4) My favorite ＿＿＿＿ is cake.

(5) It's ＿＿＿＿.

food / vet / from / color / save / dentist / delicious

# 実力判定テスト 学年末のテスト

時間 10分

名前　　得点　　／50点

教科書 10～99ページ　答え 15ページ

書く　読む

**5** 日本語の意味になるように英語を［　］から選んで、＿＿に書きましょう。

1つ5点〔25点〕

(1) わたしは旅行をすることが好きです。

I ＿＿＿＿ traveling.

(2) わたしは上手に料理をすることができます。

I ＿＿＿＿ cook well.

(3) わたしはおどることが得意です。

I'm good at ＿＿＿＿.

(4) わたしはピアノをひくことが大好きです。

I love ＿＿＿＿ the piano.

(5) きのう、わたしはバスケットボールをしました。

I ＿＿＿＿ basketball yesterday.

have / can / playing / dancing / played / like

**3** 音声を聞いて答える問題です。質問とその答えとして、ア、イ、ウの３つの文が読まれます。絵を見て質問に合う答えを選んで、（　）に記号を書きましょう。

１つ６点〔24点〕

t31

(1)

（　　　　）

(2)

（　　　　）

(3)

（　　　　）

(4)

（　　　　）

**4** 音声を聞いて答える問題です。ミカが小学校の終わりに英語で書いた作文を読んでいます。その内容を（　）に日本語で書きましょう。

１つ７点〔28点〕

t32

Mika

| | テーマ | 答　え |
|---|---|---|
| (1) | 大好きな教科 | （　　　　　　　　） |
| (2) | つきたい職業 | （　　　　　　　　） |
| (3) | 中学校でやってみたい部活動 | （　　　　　　　　） |
| (4) | 中学校でやってみたいこと | （　　　　　　　　） |

うら面の問題も解きましょう。

⑲ 
運動会

⑳ 
マラソン

㉑ 
卒業式

㉒ 
エジプト

㉓ 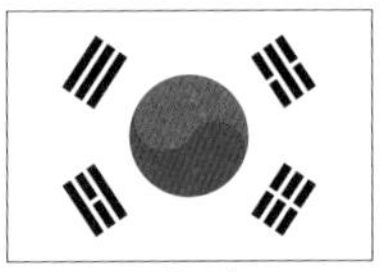
韓国（かんこく）

㉔ 
イギリス

㉕ 
花火

㉖ 
祭り

㉗ 
動物園

㉘ 
町

fireworks

Egypt

marathon

festival

Korea

zoo

graduation ceremony

town

the U.K.

sports day

⑨

レスリング

⑩

デザート

⑪

カボチャ

⑫

クッキー

⑬

海

⑭
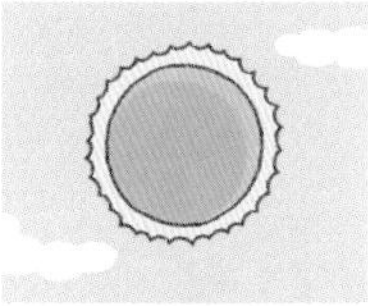
太陽

⑮
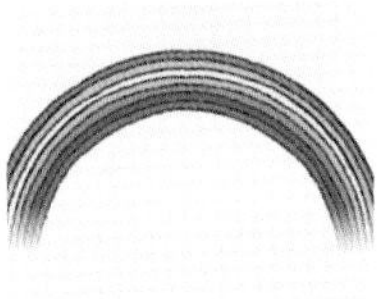
にじ

⑯

キリン

⑰

クジラ

⑱

アリ

cookie

ant

sun

pumpkin

wrestling

rainbow

dessert

giraffe

sea

whale

●勉強した日　　月　　日

# 実力判定テスト　6年生の単語38語を書こう!　単語リレー

時間 30分

名前

単語カード 1 ～ 156

答え 16 ページ

6年生のわくわく英語カードで覚えた単語のおさらいです。絵に合う単語を ⬚ から選び、
▭ に書きましょう。

❶

お笑い芸人

❷

科学者

❸

作家

❹

めがね

❺

ラケット

❻

かさ

❼

ラグビー

❽

サーフィン

writer
racket
rugby
umbrella
surfing
scientist
glasses
comedian

㉙

書店

㉚

神社

㉛

美しい

㉜

（背が）高い

㉝

あまい

㉞

すっぱい

㉟

楽しむ

㊱

教える

㊲

夕食を食べる

㊳

皿をあらう

tall

sweet

shrine

enjoy

wash the dishes

beautiful

eat dinner

teach

bookstore

sour